打是親罵是愛，不罵是禍害？

孩子不是你不是你……的財產與沙包，你不……育，是在發洩情緒

胡郊仁，趙建　編著

拒學？說謊？網癮？代溝？快要被孩子搞瘋了！
十堂親子課，九十九個你從未注意到的小細節
掌握有效的溝通方法，改善親子關係，
成為孩子的知心朋友！

崧燁文化

目錄

目錄

目錄

第十章　如何與青春期孩子的溝通

前 言

很多父母存在著這樣一個盲點，他們覺得和孩子交流起來應該很簡單，但是，實際情況是，他們一不小心就用了錯誤的溝通方式，將孩子本應該敞開的心永遠地關閉了。

「功課寫了沒？」、「該吃飯了！」、「該睡覺了！」、「怎麼考這麼糟？」、「趕快去練琴！」，等。

孩子在時光飛梭中長大，有一天，父母發現孩子的成長出現了問題，他們才發現自己一點也不了解孩子，更可悲的是，父母們已經不知道怎樣去了解孩子、跟孩子說話。日本著名的教育家多湖輝，在他的著作中，曾多次提醒：做一個負責的父母，千萬要以身作則，用好的言傳身教給孩子積極的影響，說話與溝通方式都會潛移默化地給孩子深遠的影響。

當一個孩子不懂得與人溝通、口出惡言、在校的人際關係出現問題、對自己毫無自信時，其深層的因素，往往可以歸咎於父母未能傳達一種好的溝通方式給孩子。我們可以推斷，孩子的父母一定也無法與孩子好好溝通，兩者在生活中絕對有嚴重的親子衝突，也許父母完全不了解自己的孩子；甚至有可能，孩子不願意與父母對話，更別談敞開心胸、袒露心聲。

現在孩子不少錯誤的說話方式，多數來自錯誤的家庭溝通模式。而要徹底改變孩子的問題，唯有從父母做起，從改變父母的溝通做起。

因此，作者希望，把他在「聽與說教室」裡二十四年教導孩子溝通的經驗和方法，以一種輕鬆有趣的方式來告訴各位父母，期望父母透過這一套方式能夠改變與孩子的不良關係。無數的事實證明讓我們有理由相信，只要掌握這一套有效的溝通方法，孩子自然可以得到父母的有力協助，並因此變得開朗、自信、優秀。

第一章　注意傾聽孩子的聲音

父母為什麼要傾聽

美國知名主持人林克萊特訪問一名小朋友，問他說：「長大後想要當什麼？」小朋友天真地回答：「嗯……我要當飛機的駕駛員！」林克萊特接著問：「如果有一天，你的飛機飛到太平洋上空所有引擎都滅了，你會怎麼辦？」小朋友想了想：「我會先告訴坐在飛機上的人綁好安全帶，然後我會掛上我的降落傘跳出去。」當在現場的觀眾笑得東倒西歪時，林克萊特繼續注視著這孩子，想看他是不是自作聰明的小傢伙。沒想到，孩子的兩行熱淚盈眶而出，這才使林克萊特發覺這孩子的答案遠非如此簡單。於是林克萊特問他說：「為什麼要這麼做？」小孩的答案透露出一個孩子真摯的想法：「我要去拿燃料，我還要回來！我還要回來！」

不傾聽孩子，就會導致溝通不暢，以致很可能會讓孩子的心靈受到傷害，影響到孩子的成長。

「傾聽」可以給孩子以積極的心理暗示。因為傾聽對孩子來說是在表示尊重，表達關心，這也促使孩子去認識自己和自己的能力。如果孩子感到他能夠自由地對任何事物提出自己的意見，而他的意見又沒有受到輕視，父母歡迎孩子的任何想法，儘管有時可能是錯誤的。這種體驗有助於孩子勇往直前，對什麼事情都問個為什麼？怎麼會是這樣？這可以使他毫不遲疑、無所顧忌地發表自己的意見，先是在家裡，然後在學校，將來就可以在工作上、社會中自信勇敢地正視和處理各種事情。

傾聽，是和孩子進行有效溝通的前提。不能做到傾聽，也就無從知道孩子的心裡究竟在想什麼，連孩子想什麼都不知道，根本談不上溝通。

傾聽是一種藝術，也是一種學問，與孩子進行溝通之前我們首先要傾聽對方的意見與看法，認真地傾聽和了解孩子心中的真正想法，多方面綜合地觀察各種不同的見解後再提出自己的意見，這樣做不但可以達到溝通

的目的，孩子也容易對你的溝通方式產生好印象，接受你所說的話語，拉近彼此間的距離。

如果你每一天都和孩子們在一起，你的每一分鐘都在傾聽他們的訴說，那會是個很有趣的過程，你能從中獲得很多讓你驚異、讓你深思的東西。這些東西在你們今後的溝通中起著不容忽視的作用。

與孩子們溝通的話題很多，孩子一天到晚都會講個不停，可是，父母有沒有真正聽一聽、悟一悟呢？許多聰明的父母就很注意傾聽，所以他們才知道孩子心裡在想什麼，溝通也因此變得容易。

不知道該怎樣傾聽，也就不知道孩子究竟在想些什麼，也就無法與孩子有效的溝通。作為父母，如果你想將自己的孩子培育成有用的人才，如果你重視和孩子的溝通，你就必須學會傾聽。

怎樣做到傾聽

很多家長以為傾聽很簡單，很容易就能做到。其實完全不是這樣，要做到讓孩子滿意的傾聽，父母一定要遵循一定的規律。

首先，父母要用心。

父母要做個有修養的聽眾，要肯花時間，有耐性，用心走進孩子的世界，積極發現孩子的優點，然後對孩子的優點進行發自內心的讚揚。鼓勵孩子，嘗試著不去批評孩子，只要父母耐心地這樣去做，了解、關懷孩子，孩子就會很樂意和父母在一起，如此，擁有一個心理健康的孩子並非夢想，孩子也能順利邁向成功之路。

孩子通常比較渴望得到生活中重要人物的愛護與肯定，這通常包括父母、師長等。父母要從小了解孩子的內心需要，要傾聽孩子說話，如果父母只顧自己的感情需要，而不顧及孩子的心理需要，孩子就感到很孤獨。

仔細傾聽孩子的訴說，並回答孩子的問題以便加深親子關係，加強孩子的信賴和安全感。注意孩子講話的內容，並表達父母的理解和同情，不要對孩子的感情或意見武斷地表示否定的態度。同時，要公正地評價孩子，有一些父母喜歡這樣說：「你總是忘記……」；「你看看鄰居家的孩子……」，孩子也希望父母不要當著他們同伴的面說自己的不足，如果確實要受到批評，最好私下悄悄地進行。

　　其次，讓孩子感覺到被關注。

　　關注在傾聽中的一個重要環節，它能使孩子從父母那獲得親切與安全的資訊。所謂關注，是指父母透過自己的行為與語言給孩子一個「我正在專心聽你訴說」的訊息。

　　孩子也有自尊心，希望別人能重視自己，希望與在乎自己的人進行交流與交往。如果只有孩子單方面的交流願望，溝通就很難進行下去。因此，傾聽的一個重要步驟就是關注。

　　關注技術分兩類，一類是體態語言，一類是口頭語言。

一、體態語言

　　體態語言就是透過人的面部表情、眼睛、手、腳以及身體的動作、姿態，傳達某種情感的不言之語。如在舞臺上，好的演員會用許多體態語言表達自己的情感，一舉手、一投足、一個轉身都表達了豐富的內心情感。在傾聽孩子的訴說時，父母可以用許多體態語言對孩子表示關注。如：

- 讓孩子坐下，自己也靠近孩子坐下。空間距離中包含著心理距離，心理距離與空間距離成正比，空間距離越大，心理距離也越大；相反，空間距離越小，心理距離也越小。

- 父母坐的時候要使自己的身體前傾，不要後仰。前傾表示重視孩子的講話，後仰則顯示出對孩子的一種不在乎。

- 父母的表情要與孩子「同頻共振」，也就是說，要與孩子的情感相吻合。如果孩子當時非常痛苦，父母要有沉重的表情；如果孩子很高興，父母也要流露出愉快的神情。

- 如果孩子說到傷心處，有時會痛哭，這時，父母最好的做法是遞過手帕、紙巾，或為孩子拭淚，但不要阻止。因為哭也是一種宣洩，有利於身心健康。遞上手帕或紙巾是對孩子哭的行為的一種支持。

- 將孩子抱在懷裡，撫摸他的頭髮、臉頰、肩膀，親親孩子。在孩子很小的時候，父母很樂於表達親暱的行為，其實孩子長大後，也需要溫暖的身體接觸，這可令孩子切身體會父母的關愛。

二、口頭語言

父母還可用口頭語言來表示關注。如「嗯」、「噢」、「我知道了」之類的話語，表示自己正在專心地關注孩子講話。如果父母只顧聽孩子說，而不用自己的聲音傳遞關注，會引起孩子的誤會，以為父母在想別的問題，沒有在傾聽他說話。當然父母的口頭語言要簡潔、清晰、合情。如孩子在覺得委屈時，父母卻只是一味地告訴他「沒關係，堅強一點」、「這沒什麼好難過的」，會讓孩子覺得父母一點都不能體會他的感受，若父母說：「你很難過，我要是你也會有這種感受的。」相信會有截然不同的效果。

在對孩子說話時，低聲細語能讓孩子感到與父母處在平等的地位上。孩子的情緒極易受外界環境的影響而發生變化，高聲訓斥會使孩子因受到突然襲擊而驚惶失措，精神處於高度緊張狀態，甚至引起反感，反而聽不進你的話。常用溫和親切的低聲調來與孩子對話，還可以增強孩子對父母的信任感，增強孩子與父母進行交流的自信心，並能增進孩子和父母間的關係。

三、溝通需要父母的耐心

父母在與孩子交談時，要耐心傾聽他們的每一句話。要知道，孩子希望父母與他一起分享成長中的感受。父母一定要記得，如果你與孩子交談時，露出似聽非聽、愛理不理的神態，再小的孩子也會用手捧著你的臉，要你注意聽他講話，大一點的孩子甚至會說：「你看著我說話好嗎？」孩子的做法實際上告訴我們：他希望父母專心聽他說話，以表示父母對這樣的談話是重視的，是把他當做一個平等的人來看待的。

要孩子有所成就，父母首先要耐心了解他的心思，才能幫助他。父母應該說是世界上最了解自己孩子的人，但事實上並不盡然。

父母應該首先營造耐心傾聽的氛圍，贏得孩子情感上的信任，才能與孩子達到無拘無束交流的默契。記住不要沒有聽完孩子所講的整個過程就妄下結論。如孩子告訴你，他今天被老師批評了，你馬上就來一句「一定是你上課不認真聽，犯錯了」。久而久之，孩子就會與你沒話好說了。只有當你耐心傾聽孩子的話，知道孩子的許多經歷後，才會獲得正確引導孩子的機會。

我們經常看到孩子興沖沖想跟父母談一些事情，但父母總是忙著做其他的事，叫孩子等會兒再說，或者孩子訴說一件委屈的事，沒想到父母一聽就發火、斥責，根本不去了解真正的緣由，久而久之，親子之間的溝通就會發生問題。

在成年人的世界裡，有一種特別受大家歡迎的人，他們在聽對方談話時，無論對方的地位怎樣，總是細心、耐心、專注地傾聽，說者自然也就感覺暢快淋漓，受到重視。

我們也曾這樣耐心地對待過我們的孩子嗎？每當孩子主動要向你傾述，你可曾放下手中的工作，讓他暢所欲言，把心中的鬱悶宣洩出來。有

時只是一時想不開，過度地焦慮；有時真希望有人為他分擔一些痛苦。這時候，他也許會對父母吐露心事，希望得到你的支持和鼓勵。親子之間如果能彼此傾訴，經常懇談，問題會少得多。

如果孩子說話得不到父母的重視，他們只能把自己的祕密埋藏在心裡，父母就很難知道孩子所思所想，這樣對孩子的教育就會無的放矢，無所適從。如果孩子的說話權得不到父母的尊重，久而久之，孩子就會與父母產生對抗情緒，以致雙方相互不信任，溝通困難。一份調查顯示：百分之十十至百分之八十的孩子心理衛生問題和家庭有關，特別是與父母對孩子的教養和交流溝通方式不當有關。如果父母不讓孩子把話說完，一方面不利於孩子表達能力的提升，另一方面使孩子產生自卑情緒。孩了對著父母訴說內心的感受，是提高表達能力，增強社會交往能力的極好機會；將孩子的這一機會剝奪，孩子的表達能力得不到提升，在社會交往中就會出現表達困難，進而產生自卑情緒。而一個缺乏自信的人，很難談得上心理健康，更難成為　個成功的人。

孩子雖小，但他們也有獨立的人格尊嚴，他們有表達內心感受、闡述自己看法的自由。父母應耐心地讓孩子把話說完，孩子說得有理，應該讚賞，孩子說得不合理，可以進一步交換意見，直至解開孩子心中的疙瘩為止。只有這樣，才能為進一步的溝通打下基礎。

做傾訴的榜樣

與孩子溝通好了，才能增加對孩子的了解。有些父母只顧向孩子說道理，唯恐孩子不明白，不斷地解釋再解釋，或者諄諄教誨孩子「你這樣這樣做便行，那樣那樣做便好」。這些父母以為，只要向孩子說清楚了自己的見解和要求，讓孩子明白父母的意思，便是溝通。

　　其實這是一種錯誤的想法，雙向的交流才是溝通，溝通不是灌輸。單向性的交流，很難達到理想的效果。與孩子進行溝通，父母要想知道孩子的感受，就應該主動把自己的感受告訴孩子，這樣不僅讓孩子明白了父母的感受和處境，而且還可以讓孩子明白，當自己遇到問題時，也應該主動告知父母。

　　父母如果能向孩子敞露自己的內心，這就在一定程度上體現出了父母對孩子的尊重與信賴，並加強了與子女之間的情感聯繫，這種交流在孩子逐步成熟時期是尤為重要的。通常，十幾歲的年齡是孩子們的黃金年華，但也是一個多事之秋，如果父母與子女在感情上有這樣的密切聯繫，就會很容易溝通，從而有效地避免少年期容易遇到的各種問題，使孩子能夠順利地成長，但是父母與子女間的這種密切關係不是一下子就能建立的，它需要一個長期的、有意識的培養。因此，當孩子們開始發問：「媽媽你為什麼不高興呀？是不是工作遇到麻煩」的時候，做家長的就該認真考慮一下是否該與孩子認真談一談現在所遇到的困難與麻煩，並且讓孩子與你分擔這些壓力。如果我們搪塞地說「沒事，很好」或「不關你的事，去玩你的吧」，就等於將孩子對父母的關心推開，等於將孩子那一顆關懷他人的心擋在門外，孩子所得到的訊息是父母的事，不關我們的事。正是父母不讓孩子有愛心和責任心，日後我們也就沒有理由抱怨我們的孩子不關心父母。

　　但是，更多的父母認為：大人的感受怎麼能夠與孩子講，他們能知道什麼呀？可是，孩子的心靈是敏感的，他們對外界的觀察也是非常仔細的。比如，在日常生活中，我們會經常聽到孩子這樣問：「爸爸，媽媽怎麼了？怎麼不高興了？」其實，這就是孩子觀察父母、關心父母的一種表現。但是，大多數的父母會這樣呵斥：「沒有不高興，你做自己的事吧！」「大人的事，小孩子不懂，一邊待著去吧！」父母的這種行為，往往會讓孩子產生這樣的想法：「既然父母的事情跟我無關，那我只要不給父母惹麻煩就可

以了！」如果這種冷漠的態度產生了，就會大大地阻礙彼此間的溝通。

父母在向孩子敞開心扉時，不妨從以下兩方面做起：

首先，讓孩子知道父母並不是完人。父母在孩子面前，不必刻意呈現最好的一面。因為每個人都有他的優點和缺點，父母自然也不例外。孩子遇到煩惱、失敗與挫折而向父母傾訴時，父母不妨利用這個機會，坦誠地將自己的喜、怒、哀、樂等種種情緒傾訴出來。

玲玲向來不太用功讀書，無論媽媽怎麼責備或是鼓勵她，都沒有效果。每日放學回家，不是看電視，就是到處玩。

一天，媽媽又在苦口婆心地勸玲玲專心做功課，可玲玲依舊是一邊做，一邊東張西望，一副無精打采的樣子。這種情形讓媽媽傷透了腦筋。「玲玲，媽媽講個故事給你聽。」媽媽邊說邊在玲玲身邊坐下。玲玲一聽媽媽要講故事，立即就有興趣了，說：「什麼故事，快講呀！」媽媽說：「我小時候也和你現在一樣總是愛玩，做功課也不認真，每次考試都僅能維持及格，那時你外公總說我是個『淘氣的孩子』。當小學畢業要升上國中的時候，我興奮得幾個晚上都沒睡好覺，總是在想那個學校是什麼樣呢！學校裡的老師和同學肯定跟我相處得很好。可是我的願望沒有實現，就在那時，你外公因一場大病住進了醫院，再也沒有回來。我也就沒有機會上國中繼續讀書了。後來只有一邊工作，一邊在夜間部上課，假日和晚上的時間都要用來溫習功課，那時媽媽為學習付出了極大的努力。可是你現在有這麼好的條件……」媽媽再也說不下去了，也不知是傷心，還是氣憤，不禁掉下了眼淚。她無奈地對孩子說：「是媽媽不好，是媽媽沒有用，沒辦法讓自己的孩子用功學習，媽媽以後也不想再嘮叨了。」然後默默地離開，回到了自己的房間。

聽完媽媽的這番發自內心的話後，玲玲深感不安和內疚，她走到媽媽的房間裡，搖著媽媽的手說：「媽媽，不要再哭了，我知道錯了，我以後會

17

用功讀書，不會再讓媽媽傷心。」

　　與孩子溝通應是心與心的溝通，孩子的喜怒哀樂，父母要用心去感受。同時讓孩子知道，孩子的喜怒哀樂，就是父母的喜怒哀樂。當父母對孩子有情緒時，也要坦誠地告訴孩子，讓孩子理會父母的苦衷。當玲玲看到媽媽為了她不用功讀書而傷心掉眼淚時，玲玲深感內疚，意識到不好好讀書，媽媽會很傷心，為了讓媽媽不再傷心，決心好好用功讀書。

　　所以在與孩子溝通時，父母用這種表現內心難過的真摯態度教誨孩子，比惡言惡語或斥責會來得更有效。和孩子交心，就得讓他知道，孩子的喜怒哀樂，也就是父母的喜怒哀樂，這一點在親子溝通中是不容忽視的。

　　在與孩子溝通時，父母不妨直接告訴給孩子自己的失敗和挫折經歷：自己曾有過什麼抱負、夢想與目標，曾經因為自己所犯的錯誤而付出過多少代價，怎樣由許多失敗、痛苦累積成經驗，終於走向成功的道路等，這一切都可以向孩子傾訴，將自己的人生經驗，傳授給孩子。孩子不會因為你的過失或夢想無法達成而小看你，相反，他可能會暗下決心完成你的未竟之志呢！

　　父母想要知道孩子的想法，就一定要先學會如何向孩子傾訴。只有父母應向孩子敞開心扉，談談自己的夢想、成功和失敗，孩子才能徹底地向自己敞開心扉。

要孩子說出真心話

　　讓孩子成才，幾乎是每一個家長的願望。只有了解孩子，才能幫助孩子的成長，為其矯枉過正。為在孩子的成長過程中，父母既要做老師，更要成為孩子的朋友。只要深入交流，就可以讓孩子在家長面前說出心裡話，就可以解決孩子的成長問題。

　　一般情況下，當孩子還處於小學階段時，因為沒有完整的人生觀和獨立思考能力，很容易接受大人們所持的觀點。但當孩子進入國中、高中時，雖然他們的思想、世界觀和人生觀還很幼稚，但他們已經開始用自己的思維方式看待問題了。

　　此時當孩子再向家長傾訴心聲時，家長如用長輩身分，外加強硬語氣，將孩子的想法完全否定，那麼孩子的獨立人格就會受到重創，久而久之，孩子就不再對父母傾訴心聲，而是對父母敬而遠之。父母應該知道，沒有人願意和一個總是反對自己意見的人說心裡話。

　　要想與孩子真心交流，引導孩子說出真心話，身為家長，就更要有誠心和耐心，要尊重孩子，多鼓勵、多引導，不管是學校、老師、同學之間的事情，還是家庭生活瑣事，都應該做到讓孩子從心中傾訴出來，家長在這一過程當中就應該做到學會傾聽，千萬不要打斷，否則，不僅會失去一次甚至永遠得不到與孩子真心交流的機會。

　　首先，父母應多鼓勵孩子，讓孩子累積信心。

　　在各方面要比別人家的孩子強，這僅僅是父母的一種願望。在現實生活中，這種願望常常不會順著人的意志發生。當孩子在成長過程中，遇到困難時，父母怎樣看待自己的孩子？在我們身邊時常會出現這種現象，不是簡單地、粗暴地指責孩子，就是棍棒教育，讓孩子的情感處於一種壓抑或困惑狀態。

　　孩子不敢與父母交流，心中有話藏在心裡，久而久之，孩子的性格變得內向、孤僻，心理的不健康因素也隨之累積。如果我們在孩子處在困難或不順時，換一個角度去幫一下孩子，把指責轉換成欣賞孩子的某個方面，把棍棒改為用真情去引導。孩子的內心世界將會出現一片陽光。

　　美國心理學家絲雷說：「稱讚對鼓勵人類靈魂而言，就像陽光一樣，沒有它，我們就無法成長開花。」孩子的成長又何嘗不是這樣呢？在與孩子溝

通時，一位孩子的母親遇到這樣一件事：總覺得自己的孩子沒有鄰居家的孩子好，一天就對孩子說：我們隔壁家的孩子多好！然而自己的孩子卻不服氣地說：她有什麼好？這位母親在聽了此話之後，大為震驚，之後便接過孩子的話說：是啊！你不比別人差，可是你要拿出自己的本領，讓周圍的人都佩服你。由此，身為父母，不禁感到：自己的教育方法欠妥，教育自己的孩子，為什麼不從孩子自身角度出發，去挖掘孩子的優點呢？

如果我們身為父母都能夠做到經常性地去稱讚孩子的進步，欣賞他每一步的成長足跡，這對孩子有多麼大的鼓舞呀！以孩子為本，以孩子的發展為著眼點，與孩子並肩同步，共同探討怎樣做人的道理。在父母的啟發、引導下，孩子的是非觀念，為人處世，樂於助人，有一顆善良的心逐漸形成，以至塑造孩子的健康人格。以書信的方式跟孩子溝通可以起到良好的效果。有位母親在書信中如此激勵孩子，她送給孩子一首印度詩歌：把一個信念播種下去，就會產生信心；把一個心態播種下去，就會產生行為；把一個行為播種下去，就會產生習慣；把一個習慣播種下去，就會產生性格；性格決定命運。孩子也終於在這樣自然、真情的感召下，和媽媽談起了心底話。

其次，父母要平等對待孩子，尊重孩子的思想。

在一個家庭當中，孩子也是家庭中的重要一員。首先，父母要在情感上與孩子平等。家庭中的事情要讓孩子知道，並徵求孩子的意見，包括家庭中需要購買的物品，甚至日常生活的東西都與孩子進行商量；有時也和孩子一起去購物，不亦樂乎。這些雖是小事，卻體現出父母尊重孩子。很多優秀的父母都認為：尊重孩子還必須在思想上體現出來。一些家庭經常會圍繞一場球賽，一部電視劇或一場演唱會的節目內容展開討論。有意地讓孩子發表意見或看法，看看孩子的觀點，然後，適時地啟發孩子，點播他的思想火花。讓孩子從小具有自己的思想觀點，學會分析問題、解決問題

的方法，從而懂得如何處事？這實質上也是培養孩子情感的一種具體做法。

另外，父母應當從孩子喜歡的事物中去培養孩子的理性思考。父母也要把自己的思想觀點完全亮出來，讓孩子從父母的思想觀點中去真正領悟一些未知的東西。比如可以詢問孩子這樣一個問題：這次世界盃為什麼我們連一球都沒有進？讓孩子充分地想，盡情地說。最後，緊緊抓住球藝與人文底蘊的關係，告訴孩子踢球只是一個外在表現，球員的內在文化素養與知識底蘊是靈魂。人格，志向，凝聚力，這都決定了球藝的高低，同時也反映了一個人的品味高低。從世界盃的每一場比賽都透露著球藝與人品的重要性。從而在平時的交談中，父母與孩子之間的溝通更加富有民主性、情感性與生活性，以便給家庭營造出一種隨意愉悅的氛圍，這樣更有利於孩子身心健康。

最後，父母要合理要求孩子，不壓制孩子情感世界的發展。

每一個家庭都會遇到孩子的學習問題，父母都希望孩子各科成績都好，都得高分。然而，事情也不是那麼簡單。有時候，父母也會因為孩子學業成績的忽高忽低而感到無比困惑，每一次測驗最好都能全班第一，特別是在高年級，分數對學生來說也是至關重要的，不能掉以輕心。在孩子取得高分時，父母要激勵孩子不斷向前，不能以此而感到滿足；當孩子沒有取得好分數時，父母也不能訓斥孩子，應當幫助孩子找出原因，想辦法助孩子一臂之力，克服困難。每當孩子在學習上取得的成績不夠理想的時候，父母要鼓勵孩子，敗不餒，要經得起考驗。經常對孩子說：學習知識的過程就是培養一個人的奮鬥精神、進取精神，事事如意，實屬不易的過程。學習上取得了理想的成績，當然是一件令人高興的事，然而這只是孩子成長過程中的一部分，並不代表孩子的全部，最重要的是在學習過程中，培養孩子的志向與意志。這是構成孩子具有健康向上的人格特質、讓孩子懂得追求是人生境界的動力。

21

同時，家長也不能以孩子學習結果的成敗來影響孩子的成長，更不能扼殺孩子的情感世界。面對孩子在學習上所遇到的一切情況，身為家長只能尊重事實，化激勵為動力，不斷激發孩子進取精神，讓孩子在學生時代經歷各種考驗，讓孩子變得成熟起來，成長得更健全，無論是學習，還是思想，情感都得到和諧發展，這是家長與孩子溝通的重要性。這是時代的呼喚，也是一種社會責任感的體現。因此，家長必須在日常生活中，有意識地與孩子溝通，讓孩子沐浴在愛的陽光下，迅速成人、成才，成為社會有用之人。

不要打斷孩子訴說

很多家長也許已經意識到了應該聆聽孩子的話，但在實際生活中卻總是顯得沒有耐心，特別是當自己有事在身或覺得孩子的話沒有什麼意義的時候，總是在孩子還沒把話說完或是只開了一個頭的時候，就簡單而粗暴地將孩子的話打斷，並用不耐煩的語氣說：「好了，好了，媽媽知道了。」假如一個孩子放學後很晚才回家，孩子剛要解釋，焦急的父母便開口喝道：「我不要聽出了什麼事！」這種反應破壞了雙方的溝通氣氛，更嚴重的是令孩子的自尊心受到了打擊。正確的方法是告訴他，父母如何為他操心：「我們又擔心又害怕。」然後讓他說明一切，也許孩子有可以諒解的理由呢？

所以，我們常常聽到有些父母歎息說道：「孩子有什麼話也不跟我說，我說什麼孩子也不入耳。」孩子也抱怨說：「父母什麼事都不跟我們講明白。父母光說自己想說的話，可我想說的話，父母都不聽。」

孩子喜歡跟家長說話；是對家長的信任，這很可貴。只要可能，家長千萬不要打斷孩子的話，或者表示厭煩，因為，這麼一來，孩子比較脆弱的自尊心就會遭到傷害，甚至有可能從此向你關閉敞開的心扉，實行自我

封閉，這樣下去，後果將不堪設想。

久而久之，孩子會養成說話說一半的習慣。孩子想說的大多是自己的要求或感受，尤其是他感到好玩的或害怕的事，但父母往往忽視這類問題，不注意聽完孩子所說的完整的話語。長期如此發展下去的話，就會打擊孩子說話的積極性。

有時候，孩子在學校內、外遇到不愉快的事情，一時又找不到可以信任的人訴說，只好獨自悶在肚子裡，待回到家再向家長傾訴。孩子這麼做，無非有兩個目的：一是孩子在傾訴過程中，不滿的情緒獲得充分的宣洩，從而使身心恢復到常態；二是孩子的一番傾訴是為了尋求解決問題的良策。對於前者，家長自然不必多話，只需坐下來熱情關注即可。對於後者，家長就得認真思索一番，用自己比較豐富的人生經驗去指導孩子如何解決問題。

因為，孩子的傾訴欲通常都比較強烈，他們喜歡說各種新鮮事來引起家長的關注。而家長卻往往沒有耐心，沒有興趣聽孩子的訴說，隨隨便便就打斷孩子的傾訴，結果孩子就逐漸失去了向家長傾訴的熱情，一些孩子還容易因此形成孤僻的性格。

小剛是某小學四年級的學生，最近，老師發現，小剛變了，以前活潑開朗、上課積極發言的他，現在變得沉默寡言，總是一個人發呆，學習成績也下降了。老師經過細心的了解和跟小剛耐心的談話，才知道了小剛變化的原因。

小剛以前特別愛說話，每天放學回家後，都會把學校發生的趣事說給父母聽，可小剛的父親是位工人，沒什麼文化水準，他把全部希望都寄託在小剛身上，希望小剛將來能考上大學，出人頭地，因此，對小剛的學習特別嚴格。他覺得小剛說這些話都沒用，純粹是浪費時間，因此小剛說話時，父親總是會打斷他：「別說了，光說廢話，一點用也沒有，你把這些心

思放在學習上多好，快去寫作業！」一次小剛說班上發生的一件事，正說得興高采烈時，父親說：「跟你說了多少次，別說這些廢話，你還說，再記不住，看我不打你！」嚇得小剛一個字也不敢說，回到自己房間裡去了。

小剛以前也很愛提問題，總愛問「為什麼」，一開始，父親還回答，後來小剛問得多了，父親不耐煩了，「別問了，就你那麼多事，問那麼多幹嘛，去，學習去！」父親把眼一瞪，小剛不敢再說了，因為他知道父親脾氣不好，生氣了會打人，慢慢地，小剛在家裡話越來越少了，每天放學都悶在自己的房間裡，因為父親也不讓他出去玩，漸漸地他的性格也就變了。

這個案例告訴我們：家長總是隨意打斷孩子的話，不給孩子傾訴的機會，必然造成親子之間溝通的障礙，這樣，家長也就聽不到孩子內心的想法，聽不到孩子的心聲了。了解不到孩子的所思所想，孩子出現了什麼問題，家長也不會知道，問題也就無法及時解決，孩子的心理必然產生嚴重的消極影響。另外，家長總是打斷孩子的話，不給孩子說話的機會，孩子想說的話說不出來，總是憋在心裡，對孩子的心理發展很不利。因此，聰明的家長，在孩子傾訴時，不要隨意打斷孩子的話，而要給孩子一個盡情傾訴的機會，這樣家長才能更了解孩子，還會拉近家長與孩子之間的距離，使父母和孩子之間感情更融洽。

還有一個相反的案例：

有一個小女孩，在學校裡和同學發生了衝突，被老師罵了，但她覺得錯不在自己，認為老師罵錯人了，感到十分委屈，對老師生了氣。

回到家裡之後，她向母親傾訴自己在學校裡所受到的委屈。可沒想到，母親聽後，覺得是孩子的錯，也想罵她，但無奈自己正在生病，喉嚨痛得說不出話來，張了張嘴，沒罵成。孩子覺得母親理解自己，就更痛痛快快地說出來，有的話在母親聽來，是該狠狠訓斥一番了，母親張嘴又想訓斥，可還是說不出來。

女兒覺得母親很理解自己，痛痛快快地把心裡的委屈都說了出來，母親一直沒能批評、訓斥女兒。第二天放學，女兒對母親說：「媽媽，我真是太高興了，昨天您能理解我，寬容我，對您訴說完委屈，心情好多了，靜下心來想，自己跟老師生氣是不對的，今天我跟老師承認了錯誤，老師還表揚了我。要是昨天您不等我說完就訓我一頓，罵我一頓，我可能越想越委屈，越鑽牛角尖越不痛快。媽媽，您真是太好了，太理解我了。」

傾聽是了解孩子最有效的途徑，父母只有耐心地傾聽孩子的訴說，不輕易打斷孩子說話，才能打開孩子的心靈之門，了解孩子的內心世界，在此基礎上才能創造更多與孩子交流的機會。

把握傾聽的時機

傾聽需要一定的技巧，傾聽孩子的談話也要選擇好恰當的時機和地點，時機和地點選擇得好，才能達到良好的教育效果，反之，則會適得其反。

即使工作再忙，也要安排時間聽孩子說話。時間可長可短，但一定要保證談話品質。一個和諧愉快的環境，一個溫馨恬靜的空間，才能讓孩子暢所欲言，家長和孩子之間才會有個良好的溝通。而不恰當的時機，就會讓交流的品質大打折扣。

比如，孩子吃飯時、上學前、就寢前、與同伴一起玩或親友在場時，都不是與孩子溝通的良好時機，不宜對孩子進行批評教育，這樣會讓他們感到很「沒面子」，傷害他的自尊心和身心健康，也可能使後續的學習和活動受到干擾和影響，並進一步阻礙你和孩子的交流。

聰明的父母聽孩子說話一定要選對時機，應注意以下幾點：

一、自己心情不佳，過於疲勞或工作中遇到棘手問題必須盡快處理

時，最好不要聽孩子說話。

二、要有一個理智的心理環境。環境安靜，心理平和，能較好地對孩
　　子的問題進行思考，採取成熟的解決策略。

三、根據具體情況，父母誰出面，或一起出面，都要事先商量好，但
　　要注意回避政策，避開其他人。

孩子的肢體語言和潛臺詞

孩子的身體常在自覺或不自覺中傳遞了許多訊息，這就是肢體語言，
它是一種幼兒在能夠以字詞表達以前，與他人溝通之工具。而所謂「潛臺
詞」就是潛藏在孩子言語之內的言外之意、弦外之音，也就是人們在日常交
談中常說的「話中有話」。

孩子並非總是把他的意思表述得清清楚楚，他們也許會採用另一種表
達方式向父母暗示。因此在運用傾聽手段了解孩子時，一定要細心，要注
意那些孩子沒有明說出來的事情。

時時注意、觀察孩子的身體表現，留意身體語言訊號，以便在教育孩
子中做到有針對性。

肢體語言所表達出一個人內心的意思，有時比說話更為真實。對於
年齡較小的孩子而言，肢體語言，就是一種與他人溝通之工具。由於孩子
的口語表達能力不夠成熟，所以最擅長運用其肢體語言，如高興時手舞足
蹈，生氣時捶拳踢腿，難過時嚎啕大哭等，都很明顯而容易被了解。因
此，肢體語言成為幼兒在能夠以字彙表達前與他人溝通之工具。

肢體語言有天生的，有後天學習的。前者常見的有：噘嘴 —— 不愉快；
笑 —— 高興：打哈欠 —— 想睡或感到無聊；身體發抖 —— 冷；以手推開
物品 —— 不想要：伸手向物品 —— 想要：伸手向人 —— 想被抱……等。

後者常見的有：點頭 —— 要或好；搖頭 —— 不要或不好：揮揮手 —— 再見；豎起大拇指 —— 好棒；拍拍手 —— 高興或好棒；用食指輕觸嘴唇 —— 安靜……不勝枚舉。

還有許多孩子在與父母溝通時都不會明顯地表示出他的想法或需求，這也許是出於自尊的需要或是別的 一些原因。在傾聽孩子講話時，如果你不夠細心，就會忽略了孩子的「潛臺詞」。

草野的父親是一名法官，每天都要處理很多民事案件。

一天，草野問他的父親：「在我們這個地區，每天有多少孩子被拋棄？」聽到兒子的問題，父親感到很高興，沒想到兒子這麼小就對社會問題感興趣，於是他就耐心地給兒了講了這方面的幾個案件，然後又去查了資料。但是草野仍然不滿意，繼續問同一個問題：「在我們市被拋棄的孩子有多少？整個日本呢？全世界呢？」

父親感到很奇怪，經過 番思索，他終於明白了草野的意思：兒子關心的是個人問題，而不是社會問題，他問這些問題並不是出於對這些孩子的同情，也不是真正想得到這個資訊，他其實是在為自己擔心，擔心自己將來會被父母拋棄。

父親仔細想了一下，然後對他保證說：「你擔心我們會像其他父母那樣將你拋棄？我向你保證我們絕不會那樣做，我們愛你，請你相信我們。」

草野聽到父親的保證，這才感到安心。

反應性傾聽效果好

「傾聽」在心理學上具有「淨化心靈」的作用。當一個人遭遇挫折，困惑，委屈或失敗時，他最需要的不是安慰，不是批評，更不是說理，而是一個值得他信賴的人聽他說、理解他、接納他。

　　所謂反應性傾聽，是指簡單扼要地重述孩子的感受以及導致這種感受產生的原因。透過與父母共同分擔不愉快的感受，孩子將會減少受傷害和壓力的程度，同時也逐漸增強對自己的情緒及行為的控制能力，於是，在面對日常生活中的種種挑戰和失意時，能夠做出較好的選擇，同時，父母與孩子的溝通也將得到改善，彼此關係會更為密切。這就是反映性傾聽所要達到的目的。

　　然而，很多時候，不少父母在聽孩子講話時，並沒有採用反映式傾聽的方式，以致溝通不理想。下面的例子也許帶有一定的普遍性：

　　十五歲的男孩帶著怒氣告訴爸爸：「我討厭籃球教練，他從不讓我上場。只有打得最好的隊員才能上場。每次比賽我都是坐在場邊。」

　　爸爸的反應：

　　一、**指示型**：「你應該告訴教練你的想法，你應該知道怎樣為自己爭取權利。」

　　二、**埋怨型**：「是你自己技術不行。你的隊友中有些人從七歲就開始打球。小時候叫你加入球隊你就是不肯。」

　　三、**安慰型**：「我相信透過練習你會進步的。要有耐心，教練還沒有看到你的潛能。」

　　四、**援救型**：「我去找你的教練談談。這對你是不公平的，你想打球怎能不讓你打。」

　　上面的四種反應都無法有效幫助孩子解決問題，甚至會導致孩子以後有問題不跟父母講。下面的對話，爸爸採用的是反映式傾聽，確實幫助了孩子。

　　爸：「看樣子你在生教練的氣，因為他沒讓你上場。」

　　兒子：「可不是嗎？打籃球很有趣，尤其是在比賽的時候。」

　　爸：「你很想參加比賽，可是你現在有點失望，因為隊友間都有競爭。」

兒子：「是啊，也許我在場外應該多加練習，提升球技，才能有機會上場。」

把孩子說的話或表達的感情接收過來，然後再反映回去，這是一種尊重孩子的態度。父母可以不同意孩子的想法，但透過反映式的傾聽表示願意真誠地了解他們的感受，包括字面上的意思或隱含於背後的意思。

父母運用好反應式傾聽，要注意三個要素：

一、**專注的態度**。孩子講話時，父母可以暫時停止手邊做的事，保持與孩子的眼神接觸。要避免到處走動、邊做事邊聽或背對著孩子。因為這些行為可能讓孩子覺得你對他所說的不感興趣。

二、**觀察**。仔細觀察孩子講話時的面部表情和行為表現。

三、**認真傾聽並作出開放式的反應**。對孩子所說的話的反應，在某種程度上可歸納為「封閉式」和「開放式」兩種。封閉式的反應表示聽者（父母）並沒有理解孩子講的真實含義，它常常導致交談終止。而開放式的反應表示父母聽到並理解孩子講話所指。請看下例：

孩子：「丸子和山野都不來我們家玩，真讓我失望，現在不知道該幹什麼好。」

封閉式反應：「是啊，事情並非總是我們想怎麼樣就怎麼樣。生活就是這樣。」

開放式反應：「你覺得很孤獨，因為好像沒人在意你。」

封閉式反應沒有接納孩子的感受。它所傳遞的資訊是他的感受無關緊要，把進一步交談的門堵住了，使孩子感到被拒絕了。

開放式反應承認孩子的感受，表達了接納和關心，開啟了交談的路，孩子因此會決定告訴父母更多。

因此我們可以得出結論，反映式傾聽就是讓父母作出開放式反應，反映出孩子的感受和意思。反映式傾聽要求父母善於捕捉子女的感受，並概

括地、不加評判地加以表達，使孩子感受到父母理解他，而樂意再談下去。

傾聽要多聽少說

上帝為什麼讓人有兩隻耳朵，卻只有一張嘴？就是讓我們要多聽少說。傾聽是一門藝術，傾聽是一種習慣，傾聽是一種尊重，傾聽是一種品德，傾聽是一種修養，善於傾聽是父母教育孩子的重型武器。

心理學研究表示，父母讓孩子透過語言把所有的感情 —— 積極的和消極的 —— 都表達出來，是對孩子最大的保護。對孩子來說，他總希望父母能與他共享快樂或分擔憤怒、恐懼、壓抑、和悲傷；而父母卻往往只愛聽「好消息」，不愛聽「壞消息」。長此以往，孩子失望了，覺得對父母說了也白說，還不如將壞心情埋在心裡。久而久之，孩子的消極情緒找不到宣洩和化解的管道，累積到一定程度就可能突然爆發，變成一種抵抗情緒，以致給自己和家庭帶來傷害。

很多的家長都已經逐漸意識到，傾聽是溝通的一項重要內容，是了解孩子、拉近彼此關係的有效手段。然而，在傾聽過程中，家長還是容易犯一些錯誤，比如說得太多聽得太少，這樣往往會影響溝通的效果。多聽少說，應該是傾聽孩子講話的重要原則之一，家長應該盡量多給孩子一些傾訴的機會，不要隨便插嘴、說教。

父母要明白，孩子在發洩怨氣時，他只需要一個聽眾，一個聽他訴說煩惱的聽眾。而父母在此時，完全不必對孩子說教，只要認真地聽孩子把話說完就好，即使他說的是錯誤的。這不僅是尊重孩子的表現，也是在為進一步溝通打基礎。

多聽少說的父母是明智的，也最受孩子的歡迎。當孩子想要向父母傾訴時，不管你是不是正在忙碌，都不要說：「沒看到我正在忙？等一下再說

吧！」可當你有了空，想傾聽孩子說話時，孩子可能已經失去再說的興趣了，因此，當孩子想向你說話時，你應該立刻放下手邊的工作，誠懇而溫柔地細心傾聽孩子的話。

當孩子課業上遇到困難時，父母不要馬上指出他的錯處或教導他正確的方法，也不要不時插嘴追問孩子：「究竟想到沒有？」、「這麼容易的題目，別的孩子早就會了！」

父母應該給孩子一段時間，讓他慢慢思考，這樣才可以獲得靈感或喚回記憶。否則孩子在父母不斷的催促下，會感到煩惱慌亂，無法作出思考。

多聽聽孩子的心聲，了解孩子的感受，不但可以增進親子溝通的感情，也可以讓孩子明白，當遇到任何煩惱時，回到家裡都會得到爸爸媽媽的體諒和支持。這會增加孩子的安全感，當然，孩子也更願意在這種安全感中，多與父母交談和溝通，把自己的所感所想都向父母傾訴。

另外，在傾聽孩子講話時還要注意：傾聽不是在裝樣了。如果我們將這種態度當作一個技巧採用，只是用此來騙取孩子的信任，一邊做出傾聽的樣子，一邊想著駁回的理由和轉變他的想法的途徑，完全不考慮孩子所述觀點中的可取之處，只要不符合自己的看法就一概否定，內心深處還是認為孩子的經驗與認知又能有多少？如此反覆幾次，孩子便有上當的感覺，也就不會再接受你的傾聽了。

把愛融進傾聽

孩子的好奇心通常都很強烈，他們對未知的事情充滿渴望，事事都想親自去嘗試一下。但是由於年齡小，自理能力、自立能力、辨別能力差，很多父母都很擔心。所以，當孩子提出要求時，父母除了傾聽外，還要巧妙地說出自己的感覺，讓孩子體會出父母的關愛，快樂地接受父母的看法。

第一章　注意傾聽孩子的聲音

　　近藤今年十四歲，在讀國中，聽同學們說下星期天要在東京的千葉縣舉辦一個登山節開幕式，開幕式後有一個演唱會，有許多明星參加。他和幾個同學一商量，決定幾個人結伴去觀看。放學回家後，近藤把自己的想法告訴了爸爸，並說他和同學要在售票亭旁守上一整夜才能買到票。爸爸一聽，腦海裡立刻閃過廣場上的情景 —— 它處在高山腳下，那裡是各種閒雜人的集結地，打架鬥毆時常發生，而這些都是寶貝兒子還無法理解的社會現象。

　　爸爸本想說：「絕對不行！等你長大了再說，或者永遠也別想！」可他知道，這樣會使自己和兒子疏遠，並有可能導致兒子不經允許，甚至不打招呼就去做想做的事情，爸爸覺得必須十分謹慎地處理這件事，否則後果不堪設想。於是，他深吸了一口氣，理清思緒，沉住氣說：「聽起來倒也合乎情理，你很喜歡那些歌星吧？跟同學們一起去肯定會特別開心。而且還要在外面過上一整夜 —— 多刺激呀！」

　　「是啊，爸爸你覺得有什麼不好嗎？」 近藤說。

　　爸爸說：「你還從來沒在外面過夜呢。不過，你看過演唱會，也感到很開心，而且那天是星期天也不會耽誤課業。」

　　近藤笑著說：「對呀！」

　　爸爸說：「我知道看演唱會很過癮。我以前也去過。不過，去看開幕式還會遇到很多其他的事情，我擔心的是你們年齡太小，自己去不安全，特別是整夜守在售票亭旁。」

　　近藤說：「沒事，我有個同學以前就這麼幹過，他說沒什麼大不了的，而且還說挺過癮呢！他看見有些人近乎瘋狂地放縱自己。不過，他只是在一旁看，爸爸，我們去也只是看看熱鬧而已。」

　　爸爸說：「這我知道，近藤。你應該理解我為什麼擔心。你看，你想去看開幕式，而且一部分樂趣就在於為買票整夜待在外面。你想知道我是否

同意，對嗎？」

「是啊，我真的想聽您的意見，爸爸。」

「在街頭過夜會有很多你想像不到的危險，而我覺得我有責任在我的決定中考慮這些因素。讓我們想想，還有什麼別的方法嗎？」爸爸說。

近藤說：「有個同學說能幫忙買票。每個人可以買四張票。可我想自己去！」

爸爸說：「好，這是一種選擇，但這不是你最希望的。我可以說哪個方式都不同意，但我不想那麼做。我可以跟你一起去，整夜陪著你。不過，我可不認為那是什麼有趣的事情！」

近藤：「噢，你也要去？這真有點不可思議。沒聽說別人……是這樣……」

「或者我們可以起個大早，但願那時票還沒有售完。」爸爸說，「是啊，但願如此。你還能想出別的方法嗎？」 近藤說：「沒有，這可怎麼辦呢？反正我想去。」

爸爸說：「好吧，看來你一定要自己去買票。我不想讓你這麼小的年齡在外面過夜。作為權宜之計，我建議和你一起去。我們在汽車裡過夜。如果遇到什麼意料之外的事情，你可以和我一起回家。對了，你可以問問你的同學，看看有沒有其他孩子的家長不同意，然後，我們明天再討論這個問題，你看怎麼樣？」

近藤回答說：「好吧，爸爸，讓你費心了。」

第二天，近藤告訴爸爸說，只有一個同學的爸爸同意讓他去，其餘同學的父親也不同意自己的孩子單獨在外面過夜，並認為近藤的爸爸甘願陪同的做法是明智之舉。

星期六的晚上，幾個孩子的父親在車裡準備了許多餅乾和汽水，並一直和孩子待在外面熬了個通宵，大家都很開心。直到星期天早上孩子們買

了票後才離去。

　　每個父母都要了解孩子訴說的目的。當你用心傾聽孩子說話時，你會發現孩子說話的主要目的只有兩個，一是想要與人分享自己的心情，二是有所要求。當不能滿足孩子的需求時，父母應在傾聽的同時，對孩子說出自己的不同觀點，透過一定的技巧讓孩子接受。在溝通中體現父母對孩子的關心和關愛，就不失為一種好方法。

第二章　溝通由「心」開始

父母主動打開心扉

只有真誠，人與人之間才能交流下去。父母與孩子之間的溝通也是如此。但是，亞洲父母一般只要求孩子向自己坦露心跡，自己卻很少向孩子透露自己的內心世界，並擅長於嚴肅地說教。這種不平等的姿態，會導致孩子心理的不平衡，所以也不可能達到好的溝通效果。父母只有用開放的心態與孩子交流，孩子才會向父母主動打開心扉。

父母向孩子敞露內心，表現了對孩子的尊重與信賴，加強了與孩子的情感聯繫，有利於親子間融洽的溝通，這種交流在孩子逐步成熟時尤為重要。十幾歲的年齡是孩子成長的關鍵時期，但也是最可能出現錯誤教育的時期。父母與子女感情密切，就容易溝通，從而有效地避免少年期容易遇到的問題，使孩子順利成長，而父母與孩子間的這種密切關係是需要長期、有意識培養的。當孩子們開始發問：「爸爸為什麼不高興呀？是不是工作上有了麻煩？」的時候，父母就該認真考慮一下是否該與孩子認真談一談。那麼談多少，怎麼談？

和孩子們總結自己的成功與失敗，表述自己的計畫與展望，這本身就是對孩子最生動的人生教育，反過來也是對父母自身的鼓勵。生活中人人有坎坷，有些人終生不得志，與孩子一起回顧、分析自己的經歷，承認自己以往的失敗，回顧自己的終身憾事，對於父母來說不是一件容易的事情，可能會擔心孩子會看不起自己。事實上這樣做有許多益處，將自己的實際經驗、教訓傳授給孩子，這是送給他們最珍貴的禮物。

另外，與孩子交談時，家長要注意語調和面部表情。孩子有時會問「你是不是生氣了？」你繃著臉說：「沒有。」然而你臉上的表情和語調卻表示出你在生氣、在憤怒。孩子是非常敏感的，他們能很快地分辨出你在講話中，所要傳達的真正意思和態度。而我們成年人卻往往不敏感，沒有意識

到自己在與孩子講話時，運用了不同的語調，更沒有考慮這種語調對孩子的行為所起的獨特的作用。

放下家長的架子

在歷史長河中，家長即一家之主，高高在上，儼然一國之君主。這種傳統文化在中國存在了數千年，至今，在很多父母的觀念中仍然根深蒂固。這種價值觀導致現在的父母比較推崇父母權威，父母習慣按自己的理想模式塑造孩子，而不管孩子的實際情況。在教育孩子的方法上，習慣於訓斥、發號施令和嚴格的監督與懲罰。家族化的價值取向使得父母將子女看成是自己的私有財產，認為順從、聽話才是好孩子，在此基礎上形成的家庭價值否認個人，個人利益處於從屬地位，個人的價值、尊嚴受到忽視。

另外，父母的角色行為習慣。父母先於子女走上人生旅途。年齡、所受的教育、社會閱歷、經濟實力與子女都不可相提並論。子女在父母的精心呵護下漸漸成長，父母眼中的子女永遠是孩子，因此，很多時候父母過於關心孩子，以教訓的口吻對待孩子都是出於角色行為習慣。

但是，父母的角色會使父母教育孩子的過程中，無法起到良好的效果。孩子或出於威嚴，或出於抵觸情緒，有可能把自己和父母隔離開來，不與父母溝通和交流。特別是對於中學時期的孩子：中學時期，孩子在心理上有一段遠離父母的時期，這稱為心理「閉鎖期」，這是他們尋找自我、探索自我的表現，也是他們成長中必不可少的歷程。這時他們不僅產生獨立要求，而且也體會到自身社會地位和社會作用的變化，這樣即使孩子獲得了從事各種活動的能力，又對他們的認知能力、情感、意志以及整個個性特徵產生了重要的影響。因此可以說這一現象是孩子成長的契機，也是教育子女的契機。這一階段哪怕是孩子出現問題，如將其放在孩子整個生

命歷程中來看待，都會有其兩面性的作用。高中階段孩子自我意識已經覺醒，獨立人格漸趨形成，他們有自己的理想、意識、情感、行為方式。家長若仍高高在上，不注意孩子的感受，對孩子的問題採取指令、壓制等對策，不僅易造成親子對立，並且也會錯失教育孩子、促使孩子成長的良機。

只有父母做到和孩子真正的用「心」溝通，才有可能深入的了解孩子、理解孩子，而家長放下架子，平等與孩子交流就是了解孩子、理解孩子的最好手段。

有很多美國的父母往往在孩子幼年時，就自覺成為他們的朋友。這些父母與孩子說話時，總是蹲下來，與孩子處在相同高度，並用雙手握住孩子的小手，用親切的目光對視著，和顏悅色，以商量的口氣與孩子說話。孩子們也似乎都很懂事，眨著眼睛，頻頻點頭。父母應該了解到，孩子雖然年齡小、個子矮，但他們是獨立的人，應當得到父母的尊重。

蹲下來，和孩子平視，表現在生活中父母要尊重孩子，以平等的身分對待孩子，與孩子建立相互信任，做孩子的知心朋友。在我們的周圍，很多孩子往往喜歡與家庭以外的成人交往，因為那些成人對待他們像同輩，可是在家庭中往往就感受不到這種氛圍。

在日常生活中，家長和孩子的交往，應該是平等和民主的，而不是獨斷的。作為父母，應該放下家長的架子，努力和孩子成為朋友，只有做到這點，才能使孩子敞開「心」來與你溝通。

家長一定要放下架子，依民主和平等的原則與孩子交往，但是民主平等也要講求限度。美國教育學家洛韋博士研究發現，「這種民主的態度導致過度的放縱時，有時是家長出於避免『傷害』關係，而不是教育孩子過上一種自我約束的生活時，問題也會接踵而來。過度的放縱實際上是一種『忽視』觀的訊號，它忽視了價值觀，忽視了教育機會，忽視了父母與孩子的關係。為了教育孩子成功，人們需要崇尚適度的規矩和做事的準則。」

別傷了孩子的自尊心

心理學家認為：「自尊是個體對自我總體知覺的評價，包括能力和價值兩個重要元素。自尊越來越受到重視。它似乎與兒童的心理健康、行為問題、學業成績、社會適應有關。」自尊無可避免地會影響兒童的適應能力，低自尊的兒童比較容易感到無助、焦慮、自卑、不快樂。所以，父母千萬不可虐待孩子的心靈，傷害孩子的自尊心。

神田正讀小學五年級，一次因數學考試成績差被老師當眾訓斥，並罰抄試卷三遍。平時性格內向的他，從此便更加精神壓抑，離群寡歡，一上數學課就有一種莫名的畏懼感。後來竟發展到只要朝學校方向走便渾身發抖，上課常常覺得頭暈眼花，耳邊總迴響著教師那尖銳的斥責聲，度日如年。最後，家長不得不讓他休學。

這是一個受「心理虐待」產生嚴重後果的例子，當然也是極個別的。但是，在現實生活中，家長對子女、教師對學生，一怒之下，開口便訓，且言語刻薄，什麼「笨蛋」、「蠢貨」、「沒出息」，順口劈向孩子，這種不經意的心靈傷害並非少見。

下面的幾種情況都有可能傷害孩子的自尊心：

一、 **強迫**。根本不考慮孩子需要，強迫他們按家長的意志行事，甚至連孩子的申辯、憤怒、反抗權力都被剝奪。這些孩子往往膽小怕事、遇事退縮，缺少獨立性，這必將難以適應複雜的社會生活。

二、 **冷漠**。對孩子的需要漠不關心，缺少親近感和同情心。對他們的過失，不是幫助、教育，耐心引導，而是採取冷落態度。這些孩子多苦悶、多孤獨。

三、 **貶低**。對孩子的細微進步毫不重視，經常傷害他們的自尊心，貶低他們的課業成績，又不放過任何一點過失。致使孩子自悲，缺乏自信

心，無主見。

四、**抹煞**。在孩子出現失誤時，不是從整體上評價他們，幫助其找出原因，鼓勵他們克服困難。而是抹煞過去的一切，批評斥責，在孩子受傷的心靈上撒鹽，這類孩子常常一蹶不振，看不到希望。

作為家長，首先要了解對孩子「心靈虐待」的危害性，意識到少兒心理健康是「健康」的一個重要組成部分。其實，父母與孩子之間，只要在以尊重為前提的條件下，基本都能夠做到有真正意義上的溝通。只是，很多時候，父母缺乏對孩子的尊重。

一方面，大多數父母認為，孩子甚至比自己還重要，可是另一方面，他們在與孩子交談時，又習慣要求孩子完全放棄自己的想法和感受。這種做法包含了巨大的矛盾。它只會導致孩子對與父母交談的恐懼。要想成功地與孩子進行有教育意義的交談，父母必須始終小心翼翼地去維護孩子幼小、脆弱的自尊心。父母一定要明白以下幾點：

第一，孩子越小，心靈越不設防，越容易受傷害。父母需要給予小心呵護。例如：多關心孩子內心的感受；多給他一些微笑和關懷的眼神；多給他一些理解和支持；常擁抱他，並說：「孩子，爸爸媽媽愛你。」

第二，正確對待孩子的成績，或者說成敗體驗。要時刻讓孩子感到父母「無條件的愛」。父母對他的任何努力都要給予鼓勵，甚至允許孩子犯錯誤。家長不要只在孩子取得好成績的時候笑逐顏開，「好孩子、乖孩子」這樣叫著，而在他成績退步的時候，臉一下拉好長，讓孩子感覺你愛的不是他，而是他的成績。

第三，多給孩子留面子，不要當眾訓斥、指責孩子；不要當著別人的面嘮叨孩子曾經說過的話或做過的事，使他感到難堪。

人與人之間的禮貌和尊重是很重要的。孩子的成長過程正是自我觀念的塑造時期，在這個階段，父母的評價對孩子的發展相當重要。要是父

母經常說他是傻瓜，他就會慢慢相信自己是傻瓜。久而久之，孩子的自信心、積極性就會受到打擊，為避免被人嘲笑，他將不再主動做事，不願參加任何競爭和比賽，他只想消極處世來求自保，甚至加入不良團體，到那裡尋找暫時的滿足。

因此，真正懂得教育的父母，是絕對不會去傷害孩子的自尊心的，他們善於運用各種方法滿足孩子的自尊心，更好地教育孩子。其實，大而化之，這一點並不難理解：人都有一個特點，你說的事情讓我內心滿足，我當然願意聽你的，否則我為什麼要聽你的？孩子感覺到你尊重他，他就會聽你的話，如果感覺到你不尊重他，他就很反感，當然就對你的話聽不進去了。

美國心理學家詹姆斯‧杜布森博士（James Dobson）說：「有千百種方法可以讓孩子失去自尊心，但重建自尊卻是一個緩慢而困難的過程。」父母以什麼樣的態度和方法來教育孩子，對孩子的自尊發展有著重要的影響。我們當家長的怎能不戒慎恐懼？

從孩子的角度想問題

孩子從小就喜歡問「我從哪裡來？」、「星星為什麼愛眨眼睛？」等這樣一些問題。從孩子的角度看世界，萬物皆有靈性。孩子喜歡和花草講悄悄話，為布娃娃洗臉、穿衣服，下雨天還在水窪裡跑來跑去。孩子常按自己的思考方式去行動。如對玩具鬧鐘的構造產生好奇，但又不理解抽象的理論講解，索性拆開來自己琢磨，而父母往往不理解，誤以為孩子是在搞破壞。

從大人的角度看，孩子的想法有時是不可理喻的；可是，在孩子獨特的世界中，絕非不可理喻。大人和孩子分屬於兩個不同的世界，父母不

能將大人的世界套用於兒童的世界。世界上有許多東西在成人看來是錯誤的、變形的、甚至是荒唐的，但在孩子的眼裡卻是真實的和正確的。因為孩子是從自己的角度看世界，所以處理和分析問題的方法與成人是不同的。

不少父母常常以家長的身分，站在大人的角度，強制孩子做他不喜歡或力不從心的事，使孩子過早地失去童真，失去成長的歡樂，失去做事的興趣，這是很不人道的。父母只有站在孩子的立場思考問題，才能讓孩子更健康的成長。

愛迪生（Thomas Edison）在學校裡，是一個頑皮、愛提問的學生，對於一些不明白的問題，常常去問老師，但老師不喜歡他提問，往往大聲訓斥，甚至舉起教鞭打他。有一次上數學課，老師在講解數學題，愛迪生突然向老師發問：「老師，二加二為什麼等於四？」老師覺得愛迪生又笨又調皮，他反問道：「不等於四難道等於五？」愛迪生很想明白數字的奧祕，他想了又想，忍不住又問老師：「二加二為什麼不可以等於五呢？」老師瞬間憤怒，他厲聲訓斥：「愛迪生，你故意搗亂，給我滾出去！」愛迪生遭到斥責，委屈地跑出了教室。

就這樣，在校學習不到三個月，老師便把愛迪生的母親叫來，對她說：「愛迪生這孩子一點也不用功，還老是提一些十分可笑的問題。我看這孩子實在太笨，留在學校裡只會妨礙別的學生，還是別上學了吧。」愛迪生的母親非常生氣地說：「我認為愛迪生比同齡的大多數孩子聰明，我自己教我的孩子，他再也不會來這裡了！」

愛迪生的母親是一所女子學校的教師，是一個富有教學經驗的人，據她平日的留心觀察，愛迪生不但不是低能兒，而且時常表現出非常優秀的能力。離開了學校，愛迪生的母親下定決心用全力教育愛迪生，使他成為優秀的人。

回到家裡，母親說：「從現在起，我就是你的老師，但我有兩項約束：

第一，你要做什麼事必須先告訴媽媽，因為你做的事雖好，但也許會妨礙別人。你要知道，給別人惹麻煩是不好的；另外一件事，就是長大後做個對社會有用的人。今後你得好好用功，媽媽要當你的老師，你必須認真聽我的教導。」

愛迪生用力地點了點頭，眼中滿是淚水，母子倆緊緊地擁抱在一起，彼此的心也緊緊地繫在了一起。

從那以後，母親成了愛迪生的「家庭教師」。愛迪生在母親的親自指導下如飢似渴地汲取著人類先哲的智慧思想。根據他母親的固定計劃，無論是冬天還是夏天，即使在其他孩子玩的時候，他都能堅持每天學習。

在此教育下，愛迪生深深地感受到讀書的重要性，最終取得了輝煌的成就。他一直認為，母親是真正理解他的人。愛迪生說：「我在幼年時便了解到慈母是多麼有益的。當老師叫我笨蛋時，她來到學校為我極力辯護，就從那時起，我決定要為她爭光，不辜負她對我的期望。她實在是真正理解我的人。」

愛迪生之所以說這樣的話，是因為她的母親站在愛迪生的角度來看問題，她沒有像老師一樣否定愛迪生，給了愛迪生自信，並成就了一個偉大的發明家。

給孩子應有的尊重

日本著名漫畫家庵野秀明，在教育孩子方面，非常強調尊重孩子的選擇，給孩子充分的自由。

一次，孩子的媽媽去了法國，庵野秀明負責送孩子上鋼琴課。車到達目的地前，女兒卻說：「我不喜歡彈鋼琴，我想學的是吹笛子。」庵野秀明聽了，竟毫不猶豫，立刻把車調回頭，一路開回家。孩子很不安地問道：

「可是媽媽剛交了四千元的學費，怎麼辦？」，庵野秀明回答說：「那只好算了。」

庵野秀明說四千元對他來說，雖不算多，可也不算少。但他認為錢可以再賺，或者節省一些，少買一兩件衣服，少吃幾頓大餐。但是，孩子的自由是用錢買不到的，童年也是不會重來的，強迫孩子學習所不喜歡的才藝，會給孩子的心靈留下抹不去的陰影。

庵野秀明先生認為，教育孩子首先就要順其自然。父母不要去為孩子安排未來，未來的路怎樣走，要讓孩子自己去選擇。

在父親開放式教育的培養下，庵野秀明先生的女兒從小就非常有主見，她知道自己做主是最幸福的。後來女兒一個人獨自闖世界，雖然在有些國家語言不通，但是她還是克服了所有困難。

庵野秀明尊重女兒的選擇，以四千元為代價，換回的是女兒幸福的童年，和女兒獨立自主的個性。

孩子是活生生的人，他不是父母的附屬品，他遇事有自己的想法。對於孩子的意見，父母應該予以尊重、理解和鼓勵。例如，孩子對課後活動的安排，父母應該盡量尊重孩子的意見，意見有分歧時，應該在協商的基礎上解決。否則，孩子會認為他的想法總是被大人們忽視，而為了證明自己的存在，他可能會變得越來越倔強、叛逆，很難與之交流溝通。

只有尊重才能平等，只有平等，孩子才會獨立思考並做出選擇。這不僅鍛鍊了孩子的選擇能力，而且培養了孩子的獨立思考能力，並增強了孩子的自信心。通常，尊重孩子，也有不少達成共識的好方法。尊重，兩個字寫起來簡單，可是能不能將此滲透在日常生活中才是關鍵。可具體該如何操作呢？

一、「請」字當先，「謝」不離口

要求孩子分擔一些簡單的家務事時，不妨「請」字當先。當他完成後，及時「謝謝」。

二、多問孩子「怎麼辦」

遇到問題時，不妨先傾聽孩子的意見，問他「怎麼辦」，他若說得合理，就按照他的主意做，他若說得不妥，可先假設幾個問題，直到他了解問題所在，再提出自己的看法，這樣孩子易於接受。

三、多提「建議」

如果你有什麼主意，不妨與孩子商量，以「建議」的方式，徵求孩子意見。孩子理解後，執行就不困難。

四、敢於自我批評，道聲「對不起」

對孩子做錯了事、說錯了話，一定要及時改正，並說聲「對不起」。不應顧及父母顏面，也沒什麼放不下的架子。如果孩子能當面指出你的錯誤，更是件值得高興的事，「對不起」三字又有何說不出口呢？

當然，尊重孩子並不是說家長不能對孩子提出要求。特別是處於學齡前期的孩子，他們的興趣往往帶有很大的情境性，受偶然因素影響較大，穩定性較差，興趣來得快，去得也快。為此，家長在尊重孩子選擇的同時，要幫助孩子形成較為穩定的興趣。另外，由於孩子判斷能力差，有時也會產生一些不利於他們身心健康發展的興趣，這時就需要家長及時提出要求，及時引導。家長應及時發現孩子的消極興趣，並在說理的基礎上進行嚴格的教育，從而防患於未然，走上健康成長的道路。

尊重孩子是家庭教育的首要原則。愛而不嬌，嚴而有格，寬鬆而不放任，自由而不放縱，則是家教的成功之道。

沒有祕密的孩子長不大

「我最討厭的事情，就是爸爸媽媽偷看我的日記、偷聽我的電話。我覺得他們看我就像看賊一樣！這樣下去，我覺得自己和他們的隔閡越來越大，甚至不願意和他們交流了。」一方面，家長們家常聽到這樣的抱怨；另一方面，家長為了解孩子，偷看日記，追查電話、簡訊，甚至跟蹤也成了父母對付孩子的有力手段。這種情形很容易導致父母和孩子的對立情緒，從而加劇兩者在家庭教育過程中的矛盾。

教育學家認為，有隱私是孩子逐漸走向獨立的標誌，這時孩子已經有了一定的判斷力，家長不要總認為孩子長不大，自己必須牢牢控制孩子。隨著年齡的增長和獨立性的增強，他們開始有了自己的一些「祕密」，日記就變成了孩子傾訴的「朋友」。但很多父母以對孩子「負責」、「關心」為由，想方設法翻看孩子日記，偷聽孩子談話，殊不知這些父母的做法卻正是孩子們最反感的行為。

十四歲的女孩子由美紀子和媽媽的關係很好，什麼事都願意和媽媽商量，她認為媽媽最偉大的地方就是從來不侵犯她的隱私。她常常自豪地對同學說：「我的日記放在桌面上，也沒有鎖，我有這個自信，媽媽絕不會偷看！」而她的媽媽透露自己的教育心經時，說：「我知道我必須尊重孩子，這樣才能換來她的信任和尊重，瞧，現在不是很好嗎？我從不偷看她的信件、日記，但她有了難解的事都和我商量，有男孩追她啊！不喜歡數學啊……我一點也不用擔心她變壞。」

由美紀子真幸運，有這樣一個開明、懂得尊重她的媽媽。如果天下的父母都能像這位媽媽一樣，也許父母與孩子的溝通就不再是問題了。

父母要懂得尊重自己孩子的隱私，就不能隨意地拆孩子的郵件或是翻看孩子的日記，更不能監聽孩子和他朋友的談話，如果孩子的心中有祕

密，在他不想傾訴的時候，父母也不要刨根究底，更不要以命令的口吻逼孩子說出來。不然的話，只會引起孩子的反感，使他們產生不被信任的感覺，從而漸漸失掉誠實、正直的好品格。

其實，每個人的內心都有自己的小祕密，沒有隱私的孩子很難健康成長，由於青少年正處於成長階段，心理尚未完全發育成熟，他們對自己的生活、祕密看得很重，他們與成年人一樣有著不願讓他人知曉的隱私，一樣需要親人和社會的尊重，他們理應享有隱私權。

要尊重孩子的「祕密世界」，有的時候我們必須學會「睜一隻眼閉一隻眼」，記住，孩子不是我們的仇人，需要我們時刻揭發，他們恰恰是需要我們保護的人，不但在生理層面，更要在心理層面。

充許孩子犯錯和失敗

小男孩中村信長正在讀國中，他有一個不好的毛病，就是丟三落四，他經常上學走後，家長發現他忘在家裡的書本或鉛筆盒，他奶奶怕耽誤孩子學習，每次都急急忙忙地給他送去，等孩子放學回來，奶奶再數落他一遍，「你怎麼這麼粗心，又把書本忘在家了」或「你這毛病得改，不然將來工作了怎麼辦」。孩子是當時聽進去，一轉身就忘了，沒幾天這事就又重演一遍。

一次，中村信長收書包時忘記把數學課本裝進去，他媽媽看見了故意沒有告訴他。等孩子走後，媽媽說孩子的數學課本忘記拿了，奶奶聽了很生氣，還埋怨孩子媽媽為什麼不提醒孩子一聲，不然孩子上課沒有書怎麼學呀？其實讓孩子改掉壞毛病的最好方法，就是讓他犯錯誤，透過老師的批評，讓他吃點苦頭，這樣他下一次就不會再忘了。兒子放學後，指責家人為什麼不給他送書去，害得他作業都沒辦法做，老師還當著那麼多的同

學的面訓了他一頓。他媽媽對他說：「今後你的事，你自己負責，別指望別人提醒你，別再指望誰會把你忘在家裡的書給你送去。」

從那天以後，中村信長又有兩次將書忘在家裡，都沒有人提醒他，也沒有人給他送去，孩子真的嘗到了丟三落四的苦頭，他改變了自己以往的習慣，在前一天晚上就把書包收拾好，從此以後再沒有發生類似的事。

可以說，有失敗才會有進步。

人類的學習過程就是「錯誤 —— 學習 —— 嘗試 —— 糾正」不斷反覆的過程，所謂「失敗是成功之母」說的就是這個道理。令人遺憾的是，許多父母往往忘記這個道理，常常不允許孩子犯錯誤，常常要求孩子做每件事都百分之百正確。這對孩子而言是極不公平的。孩子之所以是孩子，是因為各方面還沒有成熟，因此父母應該允許他們犯錯誤。

首先，父母要有一顆寬容的心，允許孩子犯錯誤。但是最重要的是，父母要知道：孩子犯了錯誤後怎麼辦，自己怎麼辦？

通常父母們要遵循七個原則：

一、避一避

批評孩子不能傷害其自尊心，切忌當眾訓斥孩子。

二、緩一緩

家長在氣頭上批評孩子，難免會言語和行動過激。此時，最好先嘗試著讓自己冷靜，心平氣和後再以適當的方式教育孩子。

三、選一選

選擇合適的時間、地點，批評孩子才能達到預期的教育目的。在融洽的氛圍中，孩子能夠輕鬆愉快地接受批評，並認真思考、改正。

四、繞一繞

講述寓言、故事、童話等加以引申、發揮，含蓄委婉地教育孩子，往往會有意想不到的效果。

五、冷一冷

有時候採取「冷處理」的方式，能夠使孩子感受到無聲的懲罰，從而反省自己的過失。

六、激一激

根據孩子好勝心強的特點，用激將法激勵孩子，使之改正缺點。

七、笑一笑

用幽默作為批評的手段能除去孩子的反向心理，使其在笑聲中受到教育。

英國首相邱吉爾（Winston Churchill）從來不認為犯錯誤是件可怕的事情，如果他做錯了什麼事情，他總會仔細地把問題再想一遍，以便將來做得更好。有記者問他：「邱吉爾先生，您在學校裡學到的所有經驗中，哪一個您認為是最有效的，使得您能夠讓英國度過歷史上最困難的一段時期？」邱吉爾想了想，然後回答道：「是我在高中留級的那年。」「您是不是考試失敗了？」「不，我只是發現了一個原則，英國所需要的並不是聰明和智慧，而是在最困難的時候，能夠堅持下去的勇氣。」人在一帆風順的時候可能得不到什麼，而在挫折和失敗後所得到的教訓卻是刻骨銘心的。

對孩子來說，由於年齡小，生理、心理上都不成熟，加上沒有經驗，很容易就犯錯了。但是，每犯一次錯誤，都是一個很好的學習過程。「人非聖賢，孰能無過」，大人都有經常犯錯的時候，更不要說孩子了。

父母適時自我反省

聽朋友講過一個故事：

在賴特十七歲那年的一個早上，父親要賴特開車送他到二十英里之外的地方。那時賴特剛學會開車，於是，就非常高興地答應了父親的要求。賴特開車把父親送到目的地，約定下午三點再來接他，然後賴特就去看電影了。等到最後一部電影結束的時候，已經是下午五點。賴特遲到了整整兩個小時！

當賴特把車開到預先約定的地點時，父親正坐在一個角落耐心地等待著。賴特心裡暗想，如果父親知道自己一直在看電影，一定會非常生氣。賴特先是向父親道歉，然後撒謊說，他本想早些過來的，但是車子出了一些問題，需要修理，修車廠的修理工花了兩個小時才把車修好。父親聽後看了他一眼，那是賴特永遠忘不了的眼神。

「賴特，你認為必須對我撒謊嗎？我感到很失望。」父親說。

「哦，你說什麼呀？我說的全是實話。」賴特爭辯道。

父親看了他一眼，「當你沒有按預約時間到達的時候，我就打電話給修車廠，問車子是否出了問題，他們告訴我你沒有去。所以，我知道車子根本沒有問題。」一陣羞愧感頓時襲遍賴特的全身，於是，他承認了自己去看電影的事實。

父親專心地聽著，悲傷掠過他的臉龐。

「我很生氣，不是生你的氣，而是生我自己的氣。我覺得作為一個父親我很失敗，因為你認為必須對我說謊，我養了一個甚至不能跟父親說真話的兒子。我現在要步行回家，對我這些年來做錯的一些事情好好反省。」

賴特的道歉以及他後來所有的話都沒有起到任何作用。父親開始沿著塵土飛揚的道路行走，賴特迅速地跳到車上緊跟在父親的後面，希望父親

可以回心轉意停下來。賴特一路上都在懺悔，告訴父親他是多麼抱歉和難過，但是父親根本不理睬，獨自一人默默地走著、思索著。

整整二十英里的路程，賴特一直跟著父親，時速大約為每小時四英里。看著父親受著情感和肉體上的雙重折磨，這是賴特生命中最令他難過和痛苦的經歷。然而，同樣也是生命中最成功的一次教育。從此以後，賴特再也沒有對他的父親說過謊。

年幼的孩子難免會有一些小毛病，對於孩子的不足，很多父母都是給予嚴厲責備，但是，有多少人真正明白，其實，孩子身上的不少缺點都是源於父母的過失。

「子不教，父之過」。很多父母都熟知這句話，但是，恰恰有很多父母忽視了這句話。不要把錯誤全部歸結到孩子身上。很多時候父母需要不斷的反省自己，發現自身的原因，並作出改正，才能幫助孩子成長。

當孩子做錯事時，為了孩子的身心發展，每一個父母都應該適時的反省一下自己的言行。教育孩子如同在岔路眾多的地方開車，時常反省就像時常回頭看看是否走錯了路，這樣才能避免在錯誤的道路上走得過遠。

不知家長們是否認真思考過一個問題：很多孩子打人是家長教的。有些家長在對待孩子的教育問題上，方法簡單粗暴，動輒打罵。孩子就像一張白紙，你教什麼，他就跟著學什麼。在打罵中長大的孩子，會認為只有武力才能夠解決問題。所以，當他和朋友發生爭執的時候，也會不自覺地舉起自己的小手，對別人使用武力。如果你對他的打人行為實行體罰的話，情形可能會更糟，不僅會損傷孩子的自尊心，還會讓他們得出一種結論：你能夠這樣做，是因為你的個子比他高，力氣比他大。所以，為了孩子能夠快樂、平等地與人相處，請收起你高高揚起的巴掌，找尋自身的原因，與你的孩子真誠交流、溝通，以改善你們之間的關係吧，相信父母的自我反省會更好地起到教育孩子的作用……

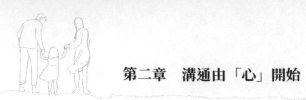

第二章　溝通由「心」開始

第三章　與孩子溝通的語言藝術

不要使用語言暴力

東京大學曾對親子語言溝通方式展開了一項調查，結果顯示，約百分之九十六的父母喜歡用「不許」、「不要」等語句來指使孩子的行為；百分之九十一的家長「當孩子犯錯時常常嘮叨、指責」。 瑞士心理學家尚‧皮亞傑（Jean Piaget）說：「對孩子的懲戒，一定要掌握好力度，切記不要用語言去傷害孩子。」

一個四歲女孩每天在夢裡都會拚命地抓自己的頭髮，母親以為孩子得了心理疾病。經過詢問才知道，真正的原因是這位母親發脾氣時總對孩子說「我真想把你的頭髮抓下來」，孩子由於受到過度的恐嚇，所以，夢中才會出現抓頭髮的現象⋯⋯

在生活中，當孩子在學校犯錯被老師罵了以後，往往回家後還要受到父母的二次「審問」。但是，如果父母說，「沒關係，誰都有犯錯誤的時候，改正了就是好孩子」，孩子一定對父母心存感激，並努力改正錯誤。如果父母再次批評孩子的話，只會引起不良後果，影響孩子的成長。

有些父母或許就有這種不愉快的經驗：想讓孩子幹什麼，孩子偏偏不去做，甚至故意唱「反調」。 昔日那個乖巧、聽話、可愛的小小孩兒，越來越有自己的想法，有時甚至是比較任性、固執。儘管為人父母的我們，耐著性子、壓住火氣對其輕聲細語的進行勸慰，但結果往往事與願違，無奈中怒火膨脹，尖刻、嚴厲、不顧輕重的怒罵隨口而出，罵也罵了，氣也出了，被罵得暈頭轉向的孩子，沉穩了不長時間，就又恢復了原樣。甚至會有些孩子變本加厲，變的越來越難教育。那麼造成這種現象的主要原因是什麼呢？

那是因為，家長對孩子過度使用了「語言暴力！」

父母要保持時刻的清醒：孩子不是出氣筒，不要輕易使用語言暴力。

　　加藤媽媽因為近來工作壓力大，精神緊張。一次，孩子不小心摔碎了一個玻璃杯，結果劈頭蓋臉就大罵一通，以至於孩子至今都不肯跟她說話。加藤媽媽雖然意識到了自己的錯誤，但至今未得到孩子的諒解。

　　孩子都有很強的自尊心，如果因為一點小錯誤就被父母痛斥，最直接的後果是對家長產生回避甚至厭惡的情緒。哀莫大於心死！孩子的心理防線實在太脆弱。父母要記住，永遠不要對孩子這樣說：

「你真是沒用的東西。」

「你真讓人煩死了！你沒看到我正忙著嗎？」

「別忘了，我所做的一切都是為了你！」

「我跟你說過多少次，不要亂跑！」

「為什麼你不像 XXX 那樣聽話？」

「我在你這個年齡時早就……」

「你做這種事，真是傷透了我的心。」

「你從不聽我講的話。你以為自己很能幹嗎？」

「你要是考了一百分，我買玩具給你。」

「像你這樣不聽話的孩子，長大了也只會是人渣，要是我早就跳樓自殺了！」

「你看 XXX 多好，爸爸媽媽真為有你這樣的孩子感到羞恥！」

　　語言暴力所產生的負面影響是很嚴重的，並影響深遠。

　　來自教師的「語言暴力」已經引起了名古屋青少年法律援助與研究中心的重視。他們公布的《教師語言暴力調查研究報告》顯示：百分之七十二被調查國中生表示，老師使用的不文明語言對其造成了心理傷害。

　　報告進一步指出，小學生們認為老師的語言暴力使他們「傷自尊」、「害怕老師」等。國中生則認為「很傷自尊」甚至想「自殘、自殺」。

　　青少年法律援助與研究中心張雪梅副主任分析，「相比於身體上遭受的

暴力，來自語言心理上的暴力侵害在一定程度上後果更為嚴重。身體上的侵害是『外傷』，而語言、心理上的侵害則是『內傷』，它影響的時間更長，後果一般也更嚴重。」

名古屋大學心理學專家認為，「同伴或老師實施的語言傷害，還會給孩子的心理投下一種陰影，致使他們不再相信外部世界，覺得這個社會是冷漠的、惡毒的，對社會產生一種強烈的排斥感。」

語言暴力和正常的語言警示只是一念之間。嚴厲的話語，絕不能觸及孩子的人格，更不能常用和濫用。孩子在成長的每一個階段都有獨特的特點，家長往往不在意孩子的年齡特點，也忘記了自己童年和少年時代的想法，不經意間，習慣用自己的眼光和標準去衡量、看待孩子的成長，逐漸使家庭教育陷入惡性循環：過激的言語不尊重孩子，傷了孩子稚嫩的心靈→ 導致孩子情緒不佳，上學讀書充滿了挫敗感，有意做出不良行為（進行挑釁或報復）→語言暴力升級和濫用→孩子出現自暴自棄心理，做出更加不良的行為或家庭教育失控。

為了避免語言暴力對孩子的心靈造成傷害，我提供以下建議。

一、**要注意孩子的年齡特點**。不同發展階段的孩子其理解能力、生理及心理上的需求都有所不同，家長對待孩子的方式應隨之調整，多用鼓勵和讚賞，提高孩子的自信心。

二、**要針對孩子不同的特質類型採取不同的對策**。家長一定要了解孩子屬於哪類特質，因人而異把握孩子的心理特點，時勢調整教育方法，不要與其他孩子的性格特點和學習特點進行比較，一味將自己設定的模式強加在孩子身上。這樣既可避免親子之間發生心理溝通上的矛盾，也不會破壞孩子學習的興致。

三、**教育孩子，夫妻之間要默契配合**。現實中，多數母親教育孩子時，火氣上來不容許別人插話，一個無休止的發洩，一個旁觀或避而遠之

或百般保護或幸災樂禍，語言暴力逐漸升級，使家庭教育處在尷尬的境地。

四、**家長與孩子之間要相互尊重**。作為家長，我們應該走進孩子的內心世界，聆聽孩子的聲音。在平等的基礎上與孩子進行對話，自由的交流、心靈的溝通，因為相互尊重，才是良好溝通的前提，而良好的溝通，則是教育的前提！

讚美孩子要有技巧

蘇聯教育家蘇霍姆林斯基（Vasyl Sukhomlynsky）說：「人的內心最本質的願望是希望得到讚賞。」

日本和田加津說：「作為母親，我改變了過去一見孩子就責備、訓斥的做法。經常鼓勵、讚許孩子，『很棒，做得不錯！』」

隨著教育理念的不斷進步和更新，很多家長都嘗試著用賞識的眼光去教育孩子，這對改善親子關係、幫助孩子健康成長起到不小的作用。但是，並不是每個家庭都很順利，部分家長就有這樣的抱怨：「我的孩子表揚不得的，越表揚越不行。」

事實上，並不是「表揚」這一教育方法不適合你的孩子，而是由於你還沒有學會如何表揚孩子。

有效表揚必須具備四個步驟（以孩子英語考試進步為例）：一、陳述事實：孩子，你上次考八十分，這次考了八十九分。二、確認事實的可貴性：進步了九分，不簡單呢！你肯定更努力了。三、表達為孩子進步而高興的感受：媽媽真為你感到高興。四、表達期望：我認為你繼續努力的話，肯定還會進步的。而許多家長往往在表揚孩子時並不這樣做，例如有位家長是這樣表揚的：考八十九分，九十分都考不到？進步是進步了，不要驕傲起來，看你下次會不會退步回去。從心理學角度來分析，這位家長的表揚

中含有埋怨、勉強的確認和負面的暗示，其表揚的結果是孩子不高興或者這次進步僅僅是曇花一現。家長原以為用這種表揚刺激一下孩子會有更大的進步，其實不然。這樣非但不會使孩子進步，還會影響到親子關係。因此，有效的表揚應該是真誠、恰如其分的。

心理學研究表明，適當的表揚對於塑造兒童行為和培養良好品德有舉足輕重的作用，家長正確地使用表揚手段，可以在教育子女的過程中達到良好的效果。

當然，有效的表揚模式並不是固定不變的，沒有一套表揚模式可以對所有的孩子都適用。因為每個孩子都是一個獨特的個體，對一個孩子來說是表揚，對另一個孩子來說未必就是。比如對幼兒，父母的摟抱、親吻會使他感到身心愉快，同樣的方式對少年則容易引起躲避和反感情緒。儘管如此，表揚並不是沒有規律可循的。

首先，表揚要真正打動孩子的心靈。家長在日常生活中要注意觀察、了解孩子的心靈、年齡特點和需要，掌握能夠使孩子感到愉快的人、事、物等因素，以便採取適當的獎勵，激發孩子的積極情感，養成良好的行為習慣。

其次，表揚要具體、及時。家長對表揚的事情越具體越及時，孩子對哪些是好的行為就越清楚，遵守哪些行為的可能性就越大。比如幼兒在家裡遊戲完畢後，主動將玩具放回原來的位置，家長要培養幼兒這種良好的行為習慣，就應該對這種具體行動進行表揚。如對孩子說：「你能把玩具放回去，媽媽真高興。」在這方面，家長常常犯兩種錯誤，一是拖延，錯過了表揚的最佳時機；二是表揚人格不表揚具體行為，只泛泛地說：「真乖，真是個好孩子。」這兩種作法都很難奏效，因為行為和表揚之間是脫節的。

第三，表揚要先密後疏。心理學家史金納（Burrhus Frederic Skinner）曾用動物做過試驗，證明獎勵的間隔變化比每次在塑造動物行為

時都進行獎勵更有效。研究表明，這種有間隔、不定期的表揚方式同樣也適用於孩子行為的塑造。一般而言，在形成一個良好行為習慣的初期，表揚要及時、經常，以便加深印象，隨著時間的推移，逐漸拉開表揚的時間間隔，行為習慣形成後不再進行表揚。

表揚只是一種手段，不是目的，它的作用是幫助孩子形成良好的行為習慣，即由家長從外部對其行為的肯定轉化為孩子內部的自我約束。

另外，家長在運用表揚的手段時，要注意防止以下幾種做法：

一、**空頭支票，採取不守信用的許諾**。如「不要吵，安靜點，一會兒媽媽帶你去動物園。」家長只是隨便說說並不兌現。這種作法容易讓孩子失去對家長的信任和尊重。家長的正確的作法應該是考慮好了再說，說到做到。

二、**長期的等待，沒有短期的表揚目標**。大部分孩子由於年齡特點的限制，意志力和忍耐力都沒有達到成人的水準，要求孩子必須完成所有的行為，才能得到最終的一次性表揚是不妥的。要逐漸減少表揚的次數。

三、**附加的威脅，在表揚的同時附帶著懲罰的陰影**。家長雖然形式上在表揚孩子，但不信任和懷疑的情緒在言語中有所流露，這樣做不但不能將孩子的行為往好的方向引導，反而導致孩子產生反向心理和衝動行為。

勇於向孩子道歉

著名詩人石川啄木，有一次因心煩出手打了還不懂事的小女兒，恰好被在外屋的次子立雕看見了，他就挺身出來批評父親不該打小妹，並且說：「你自己是搞民主運動的，天天講民主，怎麼在家裡就動手打人呢？」石川啄木一開始愣住了，靜坐沉思少頃後，走到立雕面前，神情十分嚴肅認真地說：「我錯了，不該打小妹，我小時候父母就是這樣管教我的，所以我也

用同樣的方法來對待你們。希望你們記住，將來不要用這樣的方法對待你們自己的孩子。」這樣的道歉，無疑使父親在孩子們心靈中的形象顯得特別高大！又如，橫濱的一位父親在報上刊登了題為《給兒子的「道歉信」》的廣告：「看了昨天你給我的信，我受到很大的震撼，反省自己，最近一段時間來，性格變得很暴躁，漠視了你的感受。在此，請接受我深深的歉意。給我一次機會，讓我們像朋友一樣說說心裡話。看到這封信，就打電話給我，好嗎？永遠愛你、惦記你的父親。」我們可以相信，當兒子看到父親這封「道歉信」後，兒子肯定會為父親這種自責反省、願與兒子平等對話的勇氣所折服。如此運用廣告的形式向孩子道歉，雖不值得提倡，倒可謂情真意切！

可是，很多的家長卻總是覺得，如果自己向孩子認錯、道歉，會很沒面子，這種擔憂其實是多餘的，家長如果學會向孩子「道歉」，對教育子女無疑是大有裨益的。家長在家庭教育中出現過失、錯誤時，理當採取明智之舉，勇於向孩子「道歉」，這樣，定會讓孩子笑逐顏開！這既是對自己行為負責的一種表現，也為孩子的為人處事做了好榜樣。

作為父母應該要懂得，道歉並不僅僅是公開場合使用的場面話，在自己家庭裡也應是必不可少的言語習慣。如果父母因為誤解孩子的言行而指責孩子，後來明白原來不是那麼回事的時候，或當父母不小心使孩子受到傷害時候，都應該要向孩子道歉。

在一個家庭中，父母如果從來不向孩子承認自己的缺點和過失，那麼他的孩子就會產生父母「雖然永遠正確但實際上卻總是錯誤」的觀念，時間一長，就會對父母正確的教誨置之腦後，但若父母能在自己對孩子做錯事之後，立刻鄭重地向孩子認錯、道歉，那孩子就會懂得承認錯誤並不是一件可恥的事情，就會提高分辨是非的能力，嘗到如何使自己更聰明的甜味。

例如，很多父母在孩子「闖禍」之後，往往由於一時的感情衝動，而對

孩子進行了不恰當的、過重的批評或懲罰，但在事後，又覺得很後悔。在這時，倘若父母能勇於真誠地向孩子道歉，用自己的行動補救自己的「過失」，則能引導孩子更好地走自己的路。

卡哈（Santiago Ramón y Cajal）被稱為是「西班牙王國上空一顆光輝燦爛的巨星」，他的成長就很好地說明了這一點。小時候的卡哈十分調皮，當他運用自己所學的知識造了個「真」的大炮時，沒想到，一發射就把鄰居家的小孩給打傷了，後來被罰款和拘留。當他從拘留所出來後，身為外科醫生，透過刻苦自修當上了薩拉大學應用解剖學教授的父親，把卡哈這個「頑童」訓斥了一頓，並責令他停止學業，學補鞋子。後來，父親越來越覺得這樣的處罰過於嚴厲，孩子闖了禍是要管教，但不能因此而因噎廢食。於是，一年後，父親上修鞋鋪接回了卡哈，摟著孩子深情地說：「我做得不對，我向你道歉。我不該因為你闖了一次禍就中斷你的學業。從現在起，你就在我身邊學習吧，你會有出息的！」從此，卡哈潛心學習骨骼學，終於成為舉世矚目的神經組織學家並榮獲了諾貝爾獎。

父母要及時對自己做錯的事道歉，並及時改正，才能教育好孩子。

在現實生活中，父母也會有錯怪孩子、冤枉孩子的時候。兒童心理學家指出：在一個家庭裡，家長威信的樹立，並非由於他們的一貫正確，而是由於他們實事求是，嚴於律己，進而取信於孩子。

一個人做錯了事，傷害了別人，必須向人家道歉。家長在孩子面前承認錯誤，或尋找適當機會與孩子談論自己的錯誤，是讓孩子學會如何做人。孩子感到父母是真正的言行端正，才能產生由衷的敬意，家長的威信也才會真正樹立起來。

同時，道歉還要在心平氣和時，道歉的主旨要明確，態度要誠懇，所說的道理要中肯。如此，必會有深刻的教育效果。

明哲的媽媽發現錢包少了五十元，就一口咬定是明哲拿了。明哲說沒

拿。媽媽不信，先是「啟發」孩子：「需要錢可以向我要，但不能自己拿！」後來就越說越生氣，警告明哲：「不經允許拿媽媽的錢，也算是偷！」明哲不服氣，母子倆就吵了起來。這時明哲的爸爸回來了，連忙解釋說：「錢是我拿的，還沒來得及告訴你呢。」媽媽這才停止了對兒子的逼問，但又補上一句：「明哲，你可要記住，花錢要找媽媽要，可不能偷偷地自己拿啊。媽媽可是有在數錢的！」明哲覺得受了不能容忍的侮辱，一氣之下，離家出走了！

還有一個故事。惠子的父親非常著急，明天就要期中考試了，惠子不在家念書，上哪玩去了？過了會兒，惠子回來了。父親沒等惠子解釋，就開始數落了。惠子沒說話，進屋學習去了。過了幾天，隔壁的伊藤叔叔忽然登門向惠子表示謝意。原來那天伊藤叔叔家中來了電報，惠子心想一定有急事，於是趕緊把電報送到了伊藤叔叔的公司。電報上說，伊藤奶奶病危，讓伊藤叔叔速歸。就這樣，伊藤叔叔終於在母親臨終前見了最後一面。惠子爸爸一聽才恍然大悟，十分後悔，那天不該如此武斷地斥責孩子。晚上，惠子爸爸請惠子坐下，十分誠懇地做了自我批評，向孩子道歉。這件事之後，惠子更愛爸爸了。

上面兩個事例，一反一正，給人以啟迪。在家庭生活中，家長說錯了話，辦錯了事，甚至冤枉了孩子，都是難免的，關鍵是發生問題後家長如何處理。家長和孩子相處，應該是民主平等的，不能擺家長架子。錯怪了孩子，就主動道歉，而且態度誠懇，不敷衍。有些家長認為這樣做會有失尊嚴，其實不然，孩子是明理的。父母向孩子認錯，給孩子樹立了有錯必改的榜樣，會使孩子由衷地敬佩父母的見識和修養，從而更加信任父母，使一家人和睦團結，為孩子創造健康成長的良好環境。家長的威信不但不會降低，反而更高了。惠子父親的正確態度就是證明。明哲的母親如果也能這樣做，明哲肯定會很快就跟媽媽和好，絕對不會離家出走的。

所以，勇於向孩子認錯、道歉，並不會讓家長丟面子，失去尊嚴。相反，還會有以下四點好處：一是使孩子懂得，承認錯誤並不是一件可恥的事，每個人都可能犯錯，錯誤是可以改正的。二是讓孩子嘗到原諒別人的滋味，能培養孩子的正義感和寬容心。三是會得到孩子發自內心的尊重，由衷地敬佩父母的氣度和修養，從而更加信任自己的父母，愛自己的家。四是在平等的家庭環境中受到良好的教育和薰陶，孩子會從父母的良好行為中悟出做人的真諦。

家長做錯了事，肯不肯向孩子道歉，不僅影響著兩代人的情感，也關係著孩子的進步與成長，實在是家長應該學會使用的一種教育手段。

拜孩子為師

在報紙上讀了這樣一個故事，給我留下了很深的印象。做爸爸媽媽的總是高高在上，其實，很多時候，孩子身上已經有了值得父母學習的地方：

如何看待家長與孩子之間的關係，仁者見仁，智者見智，專家學者各抒己見。但從眾多的家庭來看，家長為大的作風依舊盛行，至少我就是這樣的。但最近的一件事情，徹底打破了我的思想，讓我重新開始認識孩子，重新審視自己在孩子心目中的地位。因為從女兒身上，我感受到了危急，家長權威的危機，我不得不承認，有些時候，孩子也能成為家長的老師。

事情還需追溯到今天春節的家庭旅遊。一天，兒子在客廳的地上玩著一個看起來頗為複雜的變形金剛玩具。正當他專心研究著如何才能將已經變形的玩具恢復原樣時，我的二弟不聲不響地走了過去，乘其不備，一把搶過了兒子手中的一個玩具零件，兒子為了奪回被搶走的玩具，一陣手忙腳亂，竟然失手將已經快拼好的變形金剛打回了原形。看著自己的成果被

毀，兒子傷心地大哭起來。

　　哭聲把我從酣睡中驚醒，我奔到客廳，看著兒子一副哭喪的表情，雖然早已猜到了原因，但借住人家家裡，總得給人留點面子吧。於是，我生氣的對兒子說道：「有什麼好哭的，你怎麼這麼沒用，壞了就再把他拼好就好了啊。」兒子抬起頭看著我，當他那雙小眼睛對視著我那雙努力瞪圓了的本來就不大的雙眼時，哭聲嘎然停止了。兒子知道，爸爸生氣了，再哭下去就要被罵了。哎，好漢不吃眼前虧。兒子心裡盤算著，灰溜溜的撿起地上變形金剛的「屍首」到別處玩去了。

　　事情就這麼平息了，我對待兒子的態度雖然有點粗暴，但也似乎合乎情理。就在大家對此都沒有感覺出有何異常的時候，有一個人卻在一旁冷眼觀看，並從另外一個角度得出了一個大家都意想不到的結論，就在當天，她晚上將自己的感受寫進了日記，她就是我的女兒。

　　說實在的，這件事還是過了許久以後我從女兒的一個忘年之交那裡得知的，女兒將此事告訴了他，並且表現出對我處理此事的方式感到極大不滿。我原以為女兒不過是為了袒護自己的弟弟而責怪我，但在得知了詳情後我震驚了。原來，女兒認為，我這樣粗暴地對待弟弟是非常錯誤的。首先，弟弟沒有錯，他玩得好好的，是叔叔破壞了他的興致並搞壞了他的玩具。所以要埋怨也應該埋怨叔叔而不應該去責怪弟弟。其次，此時此刻，玩具在孩子的心目中是一切快樂的源泉，破壞了他的玩具也就等於破壞了他的快樂心情。作為大人，不該用自己對待玩具的態度來要求孩子。在女兒的眼裡，事情雖不算大，但不當的處理會從心理上影響孩子對是非的鑒別和認知。如此犀利的觀點真的讓我頓感驚歎，女兒真的是長大了，雖然看上去仍顯得那麼稚嫩，有時候觀點也顯得偏激幼稚，但畢竟還是長大了，偶爾一些觀點也居然讓我敬畏了。

　　從此，我把女兒視為了朋友，不再像以前那樣一副家長模樣了。

在知識快速膨脹的今天，孩子吸收知識的能力和成長的閱歷已經能用我們那個時代的尺子來丈量了。正如古人孔聖賢所言：「三人行，必有我師焉。」更有道是「弟子不必不如師，師不必賢於弟子。」孩子雖小，但又何嘗不能成為家長的老師呢？放下身段，拜孩子為師，從他們身上學習我們所缺少的東西，這本身就是一種言傳身教。在這樣的環境下成長的孩子，一定能養成實事求是、不恥下問、學而不厭的優良品性，這將會使其受益一生。

教育家孫雲曉說過：「現在的父母特別需要學習，把孩子當做一本很厚的書來讀，現在的孩子們身上的優點很多，所以不能孩子一出現問題，就說中國的下一代都完了，都是不可救藥的。其實這一代的孩子是很優秀的，他們的現代意識、平等意識、法律意識、環保意識等可能都高於成年人，他們對新事物的追求、熱情、敏銳都高於成年人。二十一世紀是兩代人相互學習、共同成長的世紀，我們的父母和老師與孩子一起學習，共同成長。」

用諒解感化孩子

諒解、寬容是高尚的情懷與美德，它能產生強大的凝聚力和感染力，能夠使人們願意團結在你的四周。諒解、寬容是一種豁達，就如一泓清泉澆滅怒火，可以化衝突為祥和，化干戈為玉帛，化仇恨為諒解。諒解、寬容是一種神奇的解毒劑，別人不經意中衝撞了你，他內心也會不安。你以寬厚之心待之，就會使彼此具有更多的信任與愛戴。

在生活中，我們能做到寬容家庭、朋友、同事，在家庭教育中，我們也應該能做到諒解、寬容自己的孩子。孩子的身心都沒發育健全，他們更容易犯錯，這時候，我們給予他們諒解寬容，諒解寬容他們因為害羞而不

懂得向老師問好；諒解寬容他們因為粗心而忘了帶作業；諒解寬容他們因為貪玩而不完成作業，諒解寬容因為動作緩慢、拖拖拉拉而遲到；諒解因為好動而上課不專心聽講……當然，諒解寬容並不是放任不管，而是在諒解寬容這些小毛病的同時，我們就能心平氣和，找出更好、更有效的方法教育他們，嚴格要求他們改正。人總是害怕犯錯，一旦知道自己錯了，內心便有惶恐感或罪惡感，一般就會希望得到他人的諒解，正是因為你的寬容諒解，孩子就會心存感激，便會下決心改正自己的缺點。

一位老師講了這樣一個故事：

他帶的班裡有個叫神田優的同學，有不少讓老師頭痛的壞毛病，好動多話，聽課時特別愛插嘴。上課時，老師講課，講著講著，他旁邊的同學便報告：老師，神田優老是拿我的筆亂畫。過了幾分鐘，他前面的同學也報告了：老師，神田優搖我的椅子，不讓我專心聽課。再過幾分鐘，咦？怎麼沒人報告了？我正奇怪，一看，他正轉過身把一隻手搭到後面同學的桌子上，和那個同學一起玩鉛筆盒呢！有時候，他不玩了，也不騷擾周圍的同學，但他就總應老師的話，老師講一句他就在下面回一句，雖然不大聲，但總能讓你聽得到。剛開始的時候也就是一年級，我還耐心的提醒他：「神田優小朋友，你是一年級的小學生了哦，上課應該怎麼坐呀？」、「亂動別人的東西不是好孩子」……他收回了手，坐好了，但沒用，幾分鐘後他又那樣，後來，為了減少他影響別的孩子聽課，我就把他的座位換了，坐到角落裡，這樣他只能騷擾到三位孩子。之後，還時不時跟他談心，一發現他犯毛病就嚴厲的指責。也跟他的家長商量辦法一起教育。可是，他就是改不了。終於，有一天，我忍無可忍了，因為那節課我已經提醒他好幾次了，而且他的應嘴插話還改了內容，本來同學一起回答「對——」他卻大聲說：「不對——」我氣得不得了，用很嚇人的眼光盯著他大聲說：「神田優，你站起來，今天給我說清楚，你為什麼要這麼做？」他不站起來，而

是斜著眼，口在一張一合的小聲說著什麼，當時我氣得不得了，手都發抖了：他也太不給我面子了。我真要試試動粗能不能制服他了，剛好講臺上有一雙筷子，我就用筷子狠狠地抽了他的手心，一邊吼著：「說，為什麼！」當然，那節課是沒辦法繼續上了。下課後把他帶回辦公室，狠狠的把他繼續罵了一頓，完了再跟他講道理，他呢，眼淚吧不停往下流，也認錯了，也保證要改了，可是，第二天，他還是那樣！

　　再後來，我就分析，說教、講道理甚至動武，都沒效果，平時跟他談話也了解到，他也知道這樣是不對的，那麼原因應該就在於：一、說難聽點，是一種病，醫學術語上說的過動症，不受自己的控制。二、他的叛逆心理強，你越罵他，他就越犯得厲害。找出問題點後，我改變了方法，我就想，既然是一種病，他自己也不想生病，誰都不願意生病，既然病了，那我們就不該跟病人發火，就諒解他、包容他吧，隨便他搞小動作，就當沒看見，我就專門去看見他專心聽課舉手發言，還要及時表揚他。另外，我找二個懂事的同學坐在他旁邊，分別找這三個同學談話：「老師指派任務給你，和老師一起幫助神田優改正缺點，以後他動你們的東西，你們就當沒看見讓他動，照樣專心聽你們的課。」這一次，情況終於好轉了，他動別人，別人沒反應，他覺得沒意思也縮回了手。我也不盯著他，也因為我沒有再為他的一個小動作罵他，所以他沒了對手，也鬥不起來了，學生們也學著我對他的那些小動作不予理睬，漠視他的這些小動作，不打他的小報告了。這樣，我能順利的上完一節課了，他呢，明顯地，小動作減少了。到現在，雖然，他還時不時犯那些小毛病，但我覺得我們關係更融洽了，應該說，他是個不錯的學生，學習主動自覺，熱愛班級，還很有正義感，班上誰做的不好他會配合我提醒人家，做為小組長他盡職盡責。

　　「愛是接納，愛是付出，愛是責任」，其實，父母也應該像這位老師一樣，原諒孩子、相信孩子、鼓勵孩子，才能使孩子在我們理性的期許中

獨立、茁壯。孩子好動，父母應該以寬容的心包容孩子無心犯下的錯誤，允許孩子有犯錯的時候，並依據事實了解孩子犯錯的動機；經常和孩子一起玩，陪孩子聊天，可以了解孩子對事物的看法，並感受到孩子的情緒變化，傾聽他的訴說；在一般情況下，孩子在絮絮叨叨地訴說某些事時，有時只是傾倒「情緒垃圾」而已，父母只要在一旁聽就行了，頂多提出一些問題，引導他去思考。

伊索寓言有一則故事：風和太陽比賽，看誰能使披著斗篷的遊客將斗篷脫掉。冷風拚命地吹，想吹掉斗篷，結果遊客反而穿得比剛才更緊了一些。太陽出來了，暖洋洋地照著那位遊客，沒有過多長時間，那位遊客就自動地把斗篷脫了，坐在樹蔭下乘涼。

所以，為人父母在教育孩子的時候，一定要寬容，用專制、暴力的方法，對於問題的解決常常是沒有幫助的。只有溫和、寬容地對待一切，採用適當、正確的方法，才能把事情辦好。因此給孩子一些寬容，就會收穫耐心等待後的驚喜。

當孩子犯錯時，用諒解感化他們，遠比打罵的效果要好得多。

家長如果懂得孩子在成長過程中犯錯是難免的，當孩子犯錯時，能從心底諒解，這種諒解具有一定的感化作用。一些教子成功的家庭都會發現：孩子有過失的時候，常常是教育最有效果的時機，有些教子技高一籌的家長，他們的祕訣是用諒解感化孩子的過失。

必要的時候，甚至為孩子的錯誤和過失保密，以免其自尊心受到傷害。在這種情況下，有過失的孩子會像枯死的小幼苗又復甦過來，吸取教訓，加倍努力，進步很快。家長們切記 —— 諒解有時比懲罰更有力量。

帶著微笑發怒

「金無赤足，人無完人」每個人都有可能做錯事情，但是無論如何父母都不應諷刺、打罵、挖苦、貶低。心理學家指出：與身體受虐待的孩子相比，精神上受虐待的孩子在成長過程中所遭受的心理傷害會更深。

語言是開心的鑰匙，不恰當的語言只會使孩子厭惡、恐懼及憤怒，甚至產生不良的後果。為了孩子的身心健康，父母一定要給他們創造一個輕鬆、溫馨、民主的家庭氛圍，多一點理解和關愛，少一點斥責，只有這樣才有利於孩子的健康成長。

每個人包括每個孩子都喜歡受到表揚，而不喜歡受到批評。但是，每個人都應該學會坦然接受批評，這對於成長是有好處的。

法國心理學家高頓教授透過一項專題研究證實，那些難以接受批評的孩子長大後，大多會對批評持「避而遠之」或乾脆「拒之門外」的態度。

因此，父母應該讓孩子在幼兒時期就學會接受批評，這不僅能夠塑造孩子完整的人格，而且可以幫助孩子在其他方面取得成功。

在教育孩子的過程中，賞識教育能起到更好的教育效果，所謂賞識教育就是以表揚為主，但是，對於孩子來說，只聽到表揚是不利於成長的，父母應該有意識地肯定孩子好的一面，同時對孩子不良習慣提出意見。當然，教育孩子的語氣要溫和，批評孩子的缺點應該中肯。父母還需要告訴孩子，在接受他人批評的時候要認真傾聽，要持有平和的心態，有則改之，無則加勉。

處於青春期的孩子的獨立意識發展很快，重視自我，無論是對父母還是對教師長輩都會有「閉鎖」傾向，這是正常的，也是心理健康發展所必須的，責怪孩子不與家長溝通交流，是因為有些家長對孩子的這些心理特點沒有做到了解透澈，這是家長的問題，回想一下，身為家長的你不是也有

過與孩子相似的經歷嗎？

　　一般從小學高年級以後，孩子最看重的評價是朋友對自己的評價，集體對自己的評價，而父母對自己的評價就顯得不是那麼重要了，有時孩子不聽話，變得意外的固執就與這種特點有關，家長不能理解和尊重孩子對朋友的重視，也是產生代溝的原因之一。

　　星期天一群男孩約好了去郊遊，由於是自己舉辦的，孩子們非常高興。其中一個男孩回家告訴父母，父母不允許孩子去，說那個地方有什麼好玩啊，真要想去，我們帶你去更好玩的地方。孩子不同意，說自己已經答應負責帶野餐的用具了，是不可能不去的。父母說：「你們自己去我們不放心，如果必須要去的話，那我們和你一起去。」孩子急得直跺腳，但父母就是不答應。第二天一群孩子約齊在門口等著，可這個孩子的父母就是不答應，其他孩子不滿的走了，邊說：「真沒有用，這麼大還要爸媽管！」孩子聽了委屈得大哭，母親卻說「他們說什麼沒用，我們知道你有出息就行了，老師說你有出息才是有出息。」孩子聽了更難受了，於是又爆發一場衝突。這位母親的話當然是不適當的，對男孩來說，朋友的評價比父母老師的評價要重要得多，是孩子最看重的，母親以為兒子還是三、五歲的小孩，只要媽媽說一聲「乖！」就心滿意足了。假如對於孩子的這一心理特點，父母清楚地了解，就能夠減少矛盾和衝突。

　　受傳統思想的影響，家長的教育態度存有不正確的地方，認為孩子是自己的私有財產，自己擁有絕對的權威和尊嚴，孩子必須聽自己的話，沒有給孩子足夠的尊重和信任，專橫跋扈、不講民主。不分時間、場合，不講方式、不問情由的嘮叨、說教和批評、指責，沒有考慮到孩子是否有能力承受得住。

　　孩子想做某件事，父母可以用自身的經驗去告訴他們會有什麼後果。如果他們不聽，還是執意去試，而且結果正如大人所預言，千萬不可譏諷

他們：「早跟你說了……活該！」這樣他以後有事就不跟你談了。因為當他證明「被騙了」，以後就不再相信大人的話了。身為父母者，為了讓孩子接受你的意見，就要學會帶著微笑發怒。

父母的微笑是教育子女的催化劑。當孩子淘氣、不聽話、犯錯時，請父母試著微笑著對孩子說理教育，相信微笑教育的效果一定勝於嚴厲地訓斥。這一微笑使孩子覺得不好意思了，反向心理也無從談起，這時自覺理虧的孩子也很容易聽進父母的教誨之言，您還能說這種教育的效果差嗎？父母用寬容、理解的微笑，不但教育了孩子，還贏得了孩子的心、贏得了孩子的敬重。

可以說，父母的平和心態是培養孩子陽光般性格和心靈的一個條件。孩子是父母的一面鏡子，言傳身教自然意義重大。〇歲至三歲的嬰兒，可能由於父母的微笑而奠定樂觀的性格，並從小養成一種良好的習慣；三歲至六歲的幼兒，可能因為父母微笑的關愛而懂得珍惜生活、關愛他人；入學後的孩子，更會因獲得父母的微笑而快樂、堅強、自信，父母要一步步帶著微笑，讓孩子走向成功。各位父母，請保持你的微笑吧，這會帶給孩子受益終生。

不妨幽他一默

東方傳統的家庭教育大都嚴肅多於寬容。在這種教育思想影響下，父母與孩子的關係往往變得非常對立。殊不知，最好的家教應該是略帶一些幽默。

嚴肅的教訓或說教不能解決的問題，幽默可以輕易化解。正讀三年級的吉野因為迷上了武俠電視劇，天天喊著打打殺殺，他的媽媽很擔心。一天，吉野到超市裡又買了一把新式玩具手槍，而家中的「武器」早已堆積如

山了。古野媽媽想，沒完沒了的嘮叨或者怒目相向的斥責，孩子還會又哭又鬧，不如就來一次幽默教育吧，「兒子，你的軍費開支也太大了，現在是和平時期，我們減少點軍費支出如何？」兒子「撲哧」一聲笑了。不但沒有反抗，反而欣然同意不再買新的「武器」。

家庭教育的方式多種多樣，有的拍桌拍凳，有的心平氣和，也可以風趣幽默。任何教育的本質都在「教育」兩字，無論哪一種方式，都離不開生活理念的灌輸，但不同的灌輸形式產生的效果大不相同。

心平氣和式的教育能使孩子體會到自己與家長在人格上的平等，但因為語言平淡，不痛不癢，無法產生持久的效果；疾言厲色式的教育可以威懾孩子，但容易讓孩子產生對抗心理，是一種不得要領的教育方式。

幽默是家長與孩子溝通的有效方式，在教育孩子時，家長對孩子幽默一點，讓孩子在開口一笑的同時，自然而然地接受你的理念。這樣，幽默不僅是一種教育手段，實際上它還傳達給孩子一種樂觀開朗的精神狀態。

如果不時來點幽默必定會起到很好的效果，幽默的家長比較容易和子女溝通，使孩子免去在大人面前的拘謹，又能使其在輕鬆的一笑中受到深刻的啟迪。用智慧化解尷尬，用智慧教孩子讀懂小事件背後的大道理，乃至善至美的境界。

蘇聯著名詩人米哈伊爾·斯韋特洛夫（Mikhail Arkadyevich Svetlov）就是以幽默的方法教育孩子的高手。有一次，詩人回到家裡，見一家人慌成一團，詩人的母親正在打電話向醫院急救。原來詩人的小兒子舒拉為了想引起注意，別出心裁的喝了半瓶墨水。詩人明白，墨水不至於使人中毒，用不著驚慌，這正是教育舒拉的好時機。於是，他輕鬆的問：「你真的喝了墨水？」舒拉得意地坐在那裡，伸出帶墨水的舌頭，做了個怪表情。

詩人一點也不生氣，從屋裡拿出吸墨水的紙來，對小兒子說：「現在沒

辦法了，你只能把這些吸墨水的紙使勁嚼碎吞下去了！」一場虛驚就這樣被詩人一句幽默沖淡了，並在一家人的嬉笑中結束了。舒拉原想藉此成為家人關注的焦點，但沒有如願，此後他再也沒有犯過類似引起注意的錯誤了。

孩子，特別是男孩子，有時會故意打破常規用異常行為來證明自己的勇敢，以引起別人的注意。遇到這種情況，父母最好以幽默、輕鬆的口吻指出他行為的不正確，使他明白自己的錯誤，從而達到教育孩子的目的。

還有一個例子：

有位母親發現剛上國中的兒子口袋裡有半包菸。她沒有對兒子大聲訓斥，而是把香菸擺在兒子面前，和顏悅色地說：「你想學抽菸是不是？我把抽菸的『好處』總結一下，若不全面你在補充。一是可防小偷。抽菸可以引起劇烈咳嗽，小偷知道有人在家就不敢輕易下手。二是節省衣料。長期抽菸終成駝背，身體『矮了』，自然就節省布料。三是抽菸能使臉色黃中帶黑，演包公不用化妝。四是永遠不怕老。因為越常抽菸，活到老的可能性越小，這樣就用不著怕變老。」兒子聽了母親的這番話，不好意思地笑了，從此遠離了香菸。

其實，幽默作為人際關係的潤滑劑，在家庭教育中更是不可缺少的。它能有效消除孩子的反向心理，緩解親子之間的矛盾衝突，讓孩子在由衷的笑聲中感受到親情，接受教育啟迪，比單純的說教更具有感染力和說服力。同時巧妙地營造幽默氛圍，還有助於培養孩子樂觀向上的處世態度，增強孩子的社交能力和語言表達能力。

家長需要注意的是，幽默絕非油腔滑調、強詞奪理。幽默是一種含有理智性、健康性與趣味性的心態和力量。家長要想尋得幽默教子良方，首先必須加強自身修養，努力豐富知識，使自己不僅具有高尚的情操，樂觀的心態，而且更具有敏銳的觀察力，豐富的想像力及較高的語言表達能力。

批評孩子的藝術

賞識教育能給孩子積極的動力，批評教育也能讓孩子了解到自己的錯誤，並讓孩子積極改正。可是父母們也要明白，批評孩子需要技巧，否則，批評會弄巧成拙——不僅無法達到教育孩子的目的，還會傷害孩子的心靈。掌握批評的藝術，對家長來說很重要。家長可以從以下幾個方面加以注意：

以正面引導為主

有些父母批評起孩子，張口閉口都是否定性語言，「你真沒出息、真沒用……」有的淨是挖苦諷刺。如此斥責不休，真不知究竟是要把孩子往正道上引，還是往邪路上推。正確的做法應該是，嚴肅認真地指出錯誤後，用肯定的語言，如「你是有用的」、「肯定會有出息的」等，給予正確引導。任何批評，其根本目的在於激發起孩子好的行為。

作為父母，一定要在批評孩子的時候注意，他是一個人、一個孩子。

孩子有過錯，理應批評，但其人格應受到尊重。批評應對事不對人，孩子和大人，被批評者和批評者，人格應該平等，批評可以嚴肅，甚至嚴厲，但這類似於鎮痛藥，用多了便失效。再者，避免當眾批評。有的父母誤認為當著他人的面數落孩子，會增強「激發」效果，殊不知，這樣做最大的弊病是傷害了孩子的自尊心。

批評孩子不要做比較的責備。「哥哥像你這麼大時都懂……而你卻……」、「小妹都會做，你這麼大了還不會呢！」也許有些父母認為，比較孩子之間的好壞並沒有什麼問題，但對年齡相仿的孩子，這樣做只帶來反效果。

「悄悄」地進行

批評是一種教育手段，也是一種微妙的教育藝術。高明的批評會帶來意想不到的奇蹟。

常常看到父母帶孩子外出買東西，遇到孩子非要買一樣東西時，有的父母就會大聲訓斥：「太貴了不買！」有些孩子反向心理極強，你越說不買，他越要買，有時賴在地上不走，更有甚者，乾脆在大庭廣眾面前哭起來。結果呢，父母只好連哄帶嚇，甚至強拉硬拽把孩子帶出了商店。而有些父母採取悄悄批評的方式，輕輕地對孩子說：「你過來一下。」然後，帶著微笑輕聲地跟孩子交談。開始孩子還會反駁，一會兒，孩子就不做聲了，愉快地接受了父母的建議。

父母可以從這兩種方式中受到啟發，在尊重孩子的前提下，輕聲細語的跟孩子講道理，保護孩子的自尊心，這種「悄悄批評」的方式比大聲、嚴厲地訓斥更有威力。這是為什麼呢？

其一，避免了孩子在他人面前的難堪。父母採用耳語，彎下身講話，甚至把孩子叫到僻靜處說話，體現了對孩子的尊重、保護。若大聲訓斥，一下子讓孩子處於尷尬處境，即使有的孩子想承認錯誤，想放棄不恰當的主張，也一下子沒臺階可下。所以父母越訓斥，孩子越堅持自己的要求。

其二，體現出父母與孩子友好協商的姿態，讓孩子感到最終做出的決定是自己思考的結果，並不是父母強加給他的。

其三，能保持父母與孩子的親密關係。許多父母大聲訓斥或批評孩子之後，都會難受半天，一方面是孩子的行為讓自己生氣，另一方面總後悔不該發火。其實，即使父母的意見完全正確，也不應該肆意的當眾訓斥或大聲責備孩子，而應該讓孩子覺得父母始終是最能信任的親人。

其實，「悄悄」批評是家庭教育中一種藝術化的教育方法，父母們只要

細心體會，學會克制，是不難掌握的。

掌握好時機

孩子一旦有錯，批評應及時進行。如孩子作業做得不認真，應該要求他立即重做；如書本、作業本被撕壞了，要求他立即黏補等等。

媽媽常對孩子叫的那句「等你爸回家，你就知道了！」的口頭禪，並不適合實際情形。尤其是對孩子來說，這就更壞。因為孩子沒什麼時間觀念，等到他被罵時，他早忘了被罵的原因了。大一點的孩子如犯了重大錯誤也需要立刻處罰。母親如果能立刻把父親叫回家來，父親當場批評要比等他下班回家來再批評有效。

當然，所謂及時批評也應視年齡特點及錯誤性質有個時間跨度，要抓住時機「冷處理」。

對一些好勝或者倔強的孩子，有時不妨故意冷淡一下，使之感到無聲的批評，從而反省自己的過失。

父母在氣頭上教育孩子時，難免會有一場暴風雨，給孩子心靈極大摧殘。此時應先忍一忍，等自己冷靜後再選擇適當的時間、適當的地點、適當的方式教育孩子。

要相互配合

家人批評孩子的方式要統一，譬如，祖父母認為：「孩子想吃餅乾糖果就讓他吃嘛！」媽媽卻不准，理由是：「快吃飯了。」祖孫三代的教養觀念，常不一致，讓孩子無所適從，會造成無論如何批評都沒有效果。

孩子犯錯，爸爸罵，媽媽護，豈不效果相互抵消，何談教育？當然，父母對孩子的批評方式可有差別，但必須口徑一致，配合默契。

在批評孩子時，父母的態度必須一致。即使父母雙方對是否應該批評孩子有不同看法，也必須注意絕不當著孩子的面發生爭執，而是應在事後

相互提醒或討論，以求統一觀點。在孩子面前，父母的態度要一致是絕對
必要的，要讓孩子很明確地感覺到，施罰是父母雙方一致的意見，這樣才
能達到預期的效果。

第四章　創造良好的溝通環境

營造和諧的家庭氛圍

　　家庭是孩子們的第一所學校，父母是孩子的第一任老師，營造一個和諧的家庭心理氛圍是促進孩子身心健康發展的首要因素。無數事實證明，只有營造一個健康、活躍的家庭氛圍才會增強孩子的生活樂趣和自信心，促進孩子認知、情感、品德的健康發展。

　　可是，現在的家長在自己走過的人生歷程中都留下有許多遺憾，因此把所有的希望都寄託在孩子身上，但當父母盡其所能把一切條件都無私的提供給孩子時，我們的孩子並沒有知足，他們根本不能理解寄望的沉重。在他們眼裡這些都很正常，做爸爸、媽媽就應該這樣。孩子們回報父母的是無止盡的索取，比吃穿，講虛榮，學習上遇到困難不克服、不願意吃苦，只圖安逸，這讓父母非常失望。耐心說教 —— 不聽，嚴厲訓斥 —— 沒用，棍棒相向 —— 無法解決問題，加上父母在其他方面遇到一些不順心的事再借題發揮，使得家庭中火藥味甚濃。這時孩子眼中的父母變了，孩子心中的「家」沒有意思了。隨著孩子年齡的增長、社會上不良因素的影響，家庭教育越感無力。發展下去就有孩子離家出走的、自殺的、犯罪的等各種情況發生，真是讓人痛心。

　　針對這些問題我們該思考，家長給予孩子的到底應該是什麼？是物質的滿足？精神的享受？優越的條件？還是和諧的家庭氛圍……

　　通常，和諧的家庭氛圍可以使孩子心不浮，氣不躁；和諧的家庭氛圍會使孩子用一顆平常的心善待他的周遭；有個良好的心態去面對他的學業。因此作為家長，作為一個有文化素養的家長，首先應給予孩子的是一個和諧的家庭氛圍，教孩子坦坦蕩蕩地做人。

　　孩子是家庭中的一員，我們應尊重他的人格，愛護他的自尊，呵護他一些幼稚的見解，引導他具有健康的、積極向上的奮發精神，給予他家庭

中平等的地位，聽取他合理的建議，提供給他生存的基本條件，希冀的是母子「同心」也能「同德」，讓孩子能夠「我愛我家」。只有如此和諧的家庭氛圍，家庭才有吸引力，才能把孩子的心穩住，他才能全身心地投入學習中。

那麼，家長怎樣做，才能營造一個和諧健康的家庭環境呢？

一、要有以身作則的榜樣

首先，父母一言一行、一舉一動對孩子起著潛移默化的作用，家長言語舉止文明得體，白然會成為孩子的楷模，促使孩了健康成長。其次，在資訊不斷發展的今天，作為家長要不斷學習新的知識，掌握科學的育兒方式，以適應這飛速發展的時代，配合好學校教育。另外，家長也要重視心理的健康發展，因為生活中每一天不可能都是風平浪靜的，如果父母經常懷著不平心態面對人生，對孩子的成長是極為不利的。相反，能調整好自己的心態，以積極良好的態度面對生活，為孩子做出榜樣，能從小培養孩子承受挫折的心理和自信心等，而這些心態對孩子來說終身受益。

二、培養孩子的綜合素養

孩子的成長具有各不相同的特點，它不是一步登天的，而是一個循序漸進的過程。作為家長要尊重孩子的人格，根據孩子的年齡特點、興趣特長進行教育，不僅僅偏重智育，更要關心孩子的心靈、去傾聽他們的心聲、參與孩子的活動，從中發現一個更廣闊的天地，也容易被孩子接受，從而培養出具有自信心、負責心、良好的人際關係等良好品性的孩子。

三、父母期望要適切

父母對孩子有無期望，對家庭氛圍的形成有著重要意義。如果父母對孩子無所期望，聽之任之，就會形成忽視、冷漠型的家庭氛圍。如果父

母對孩子期望過高，並採取嚴厲的手段要求孩子達到無法達到的目標，那就有可能形成嚴厲、抗爭型的家庭氛圍，這些氛圍均會對孩子產生不良影響。只有當父母對孩子報以適切的期望時，才會有良好的家庭氛圍，才能使孩子輕鬆愉快地掌握知識、培養能力，實現父母的期望。所謂適切即適當和切實，父母的期望既要適合孩子的身心發展規律，又要切合孩子的特點，從自己的孩子的實際出發，不比較，不揠苗助長，否則會是孩子產生反向心理，採取極端方式反對父母的意志。

四、尊重孩子的獨立人格

親子關係是影響孩子發展至關重要的因素，孩子不僅需要家長的關愛和呵護，更需要家長的理解與尊重，但有些家長望子成龍，望女成鳳心切，一味向孩子灌輸知識，強迫孩子學習，而不善於在和孩子一起遊戲的過程中，促進孩子身心發展。做家長的其實應該意識到，孩子具有獨立人格，他並不依附於任何人，也不是任何人未竟事業的替代者。只有具備這樣的兒童觀，我們才可能正確了解到我們和孩子之間的關係。給予他們足夠的愛護、關心、理解和信任，只有這樣，才有利於培養孩子健全的人格，陶冶孩子的情操。

五、引導孩子體驗生活

從某種意義上來說，人世間的許多罪惡，源於悲觀壓抑的生活，如果家長整天愁容滿面，把工作中的所有不快樂因素統統帶回家，動不動就大喊大叫，摔盤子摔碗，歌聲不聞，幽默盡失，親情不復，歡樂不再，這樣的家庭只會培養出憂鬱多愁的孩子。至於天天嘮叨，恨不得把孩子拴在書桌前面，把孩子每一天的生活都納入自己設置的軌道，會讓孩子失去自己設計的能力和主動學習的熱情，漸漸變得僵硬和刻板，其內在的動力和創造力也會消失殆盡。事情往往就是這樣，你越是嚴肅，就越不能誘發靈感

的閃現；越是重視成績，就越容易扼殺孩子自由的天性和勃勃生機，讓孩子在與朋友交往中學會待人處世，在與親戚交往中懂得人情風俗，在與家長共同操持家務中學會生活自理。不要把讀書當作孩子成長的唯一路徑，因為生活本身都是 ·本大書，與孩子一起體驗生活，讓生活充滿快樂因數，是引導孩子熱愛生活，熱愛生命的重要途徑。

六、摒棄「餐桌教育」

一些家長由於工作較忙，平時與孩子接觸的時間較少，會自然而然地想利用吃飯時間把平時欠缺的教育孩了的時機彌補回來，於是，一端起飯碗，家長就開始追問孩子的功課，檢查孩子的成績，數落孩了的過錯，沒完沒了，訓得孩子愁眉苦臉，哭哭啼啼，家長還自以為稱職，自以為有效。殊不知，這種「餐桌教育」害處實在太多，它會使孩子情緒低落，往往會加深兩代人之間的隔閡，讓家庭氣氛也越來越緊張，其實每天吃飯的時候，一家人應共同營造一種輕鬆自如的氣氛，大家各談各的趣事，有說有笑，在毫無壓力的情況之下，來和父母探討，這時候，父母的意見孩子也能聽得進去，這樣，既教育了孩子，又增進了彼此之間的理解，使親子關係更加融洽，何樂而不為呢？

總之，家長在運用科學的方法教育孩子的同時，也會使自己獲得提升。托爾斯泰（Leo Tolstoy）說過：「教育孩子的實質在於教育家長自己。」家長如果具有高尚的情操、高雅的情趣、強烈的事業心、健康的身心和文明舉止，那麼，這些良好的特質必定會激勵孩子，促使家庭氛圍的積極向上，使孩子身心健康發展。

給孩子發言的機會

我們相信，父母都是愛孩子的。但是，同樣是愛，結果卻是大不相

同。對孩子的教育過程中,許多家長對孩子講話時總是用訓斥的口氣,要求孩子做事情時則用命令的方式,但在孩子想說話時,家長不是粗暴地打斷,就是不理不睬,這是很糟糕的情況。孩子雖小,但也有自己的想法和主張,一旦孩子的話語權被長期壓制,孩子成熟後的個性通常會有明顯的缺陷。

對於幼小的孩子來說,他們的依賴性當然更強。作為一家之主,應為家庭教育營造溫馨而寧靜的氣氛,還要為孩子做出絕大多數的決定,為他們的生活和學習做出最終的裁斷。在孩子眼裡,父母就是法官,是陪審團。父母對孩子的調教和管理應該溫和而友善。

孩子每天該吃什麼,幾時就寢,何時上學……孩子自己並不能決定,都要由父母來做出善意性的「獨裁式」安排,因為父母更清楚什麼對他們真正有好處。父母還要不惜代價,實施你對於孩子的願望,讓它們在孩子身上開花結果。這是父母的權利,也是父母的義務。即使小傢伙們有時難以接受,不喜歡這樣那樣的安排,父母也要堅持原則和立場。

這並沒有不妥之處。

可是許多的現代家庭裡,也存在不好的現象。一方面,父母對孩子很嬌慣,對孩子的物質要求有求必應;另一方面,父母卻從不把孩子當作一個有思想、有主見的人,也不考慮對孩子的做法是否恰當,孩子可能會有什麼想法。因為他們是家長,就似乎一切做法都是應該的、合理的。不少孩子反映:每當我和父母的意見不一致時,他們往往喜歡以勢壓人,不讓我說話。還有些似是而非的批評,其實根本不是那麼回事。

當家長和孩子有矛盾衝突時,很多家長的做法是,不允許孩子發表自己的意見,不調查問題的來龍去脈,不等孩子講完話,就主觀臆斷地下結論,一味地大發脾氣,以勢壓人,這樣的行為怎麼能讓孩子心平氣和地和家長交流思想呢?父母應該給孩子一個說話的機會。

　　對孩子採取簡單粗暴的專制管教形式，事事都要過問和干涉，希望孩子越溫順、越聽話越好，不給孩子說話的機會，剝奪孩子說話的權利，一味讓孩子聽話，這樣過分的管教恰恰會害了孩子。

　　有一個孩子叫美子，是小學五年級的學生，馬上就要升上國中了。可是，她卻不善於語言表達，在眾人面前，一說話就臉紅。孩子為什麼會如此的忸怩呢？

　　原來美子的父母有一套教育、管理孩子的辦法。如果有客人來美子家做客，美子的父母就會要求孩子要有禮貌，要懂事，在大人們說話的時候，小孩子不許亂插嘴，最好是到別的地方去玩，讓大人們清靜地說話。即使是只有一家三口的時候，美子通常也沒有自由表達的權利，她的話總是被打斷。

　　其實，父母的這種做法，對孩子是十分不利的，如果當孩子正在興高采烈地說著話時，父母卻不時地打斷孩子，還糾正他的發音、用詞，或者批評他的某個想法等，這些都會令孩子興味全無。即使是成人，當自己的發言屢遭別人打斷或反駁時，也會興致大傷，緘口不言。因此，這種做法必然會影響孩子個性和能力的發展。多數孩子會逐漸變得不願獨立思考、自主行事。這很自然，既然動腦子出主意會受到批評指責，又何必自討苦吃呢？

　　可是，正如例子中所說的，家長不時地打斷孩子的講話，甚至阻止孩子講話，不給孩子發言的機會，不把孩子當成有思想的人，也就不會用心去體會孩子的思想、去了解孩子內心的想法，而他們還會認為自己是盡到了管教子女的責任。

　　於是到後來，這樣的父母往往會抱怨說：「這孩子怎麼反應這麼遲鈍啊！」、「他一點主見都沒有，到底該怎麼辦？他自己竟然不知道！」可是，這一切又都能怪誰呢？家長只能自食其果。

　　父母打斷孩子的話，或阻止孩子講話，使孩子的思想無法表達出來，使孩子的意見不能發表出來，這樣父母不能了解孩子，不能給予孩子恰當的指導，這對孩子的成長極為不利。一些孩子變得不善口頭表達，變得沒有主見、怯懦、退縮，而另外一些孩子卻變得獨斷、衝動，聽不進別人的意見。

　　如果一味地抑制孩子，不讓他說出心裡的想法，孩子就會本能地產生委屈的感覺，進而傷心、怨恨。他會把這種委屈發洩到其他的對象上，或者去想各種好玩的事情來擺脫這種情緒。這往往就是導致孩子淘氣的原因。

　　教育專家認為，如果孩子想要對某件事進行辯解，而時機又不合適，明智的父母應該這樣說：「對不起，現在我很忙，但我一定會聽你的解釋，等我有時間我們再慢慢談，好嗎？」想想吧，這對孩子來說無疑是大旱甘霖，他不但不委屈、怨恨，反而信心大增，並會想自己是不是有什麼地方的確做得不妥。孩子的說話權利若受到別人的尊重，一般會增強他的自信心和榮譽感，他反而會注意別人的權利是否也被自己尊重，從而自治能力增強。

　　家長們，一定要懂得把孩子當成是一個有思想的獨立個體，給孩子對等的地位，尊重孩子說話的權利。教育學家認為，只有平等的、民主的家庭才能產生具有獨立意識、樂觀積極的孩子，而專制的家庭只能培養出唯唯諾諾的庸才。

　　反對這種觀點的人，唯一的理由可能會說，他只是一個孩子，就應該聽家長的話，應該服從家長。而贊同這個觀點的人會說，他是未來的成人，教育的所有目的不正是要使受教育者去適應未來的生活，成為未來的成人嗎？

　　「你有說話的權利」，父母要把這句話告訴給孩子，並且盡可能表達得親切、美妙、動人。這時你真的會看到孩子身上出現令人鼓舞的情形，不

管這個孩子是成績差的，還是成績好的；是聽話、溫柔的，還是頑皮的。而對於那些沒有教養的孩子，當你這樣說時，教育就開始了。

把孩子當作朋友必須賦予其發言權，不管他的言談是否正確、想法是否單純。傳統的家庭觀念中，孩子幾乎沒有發言權、參與權、選擇權。不少孩子自身的事都要由父母說了算，從小父母就給孩子設計了「成才之路」，上這個才藝班，上那個補習班，全然不問孩子的感受和想法。處於這種狀態下，父母的權威就會漸漸削弱，對孩子的教育效果就會大打折扣，最後造成的後果就是使孩子離自己越來越遠，越來越不懂「他們到底在想什麼」。

聰明的父母應該懂得給孩子說話的機會，不管孩子說什麼，都應該讓他把話說完。有些家長正在氣頭上，沒有聽完孩子的話就發脾氣，事後一定要向孩子道歉。事實證明，給孩子說話的機會，是一種成功的育兒方法。

呼喚平等民主的家庭關係

家庭的平等民主和對孩子的尊重是親子間良好溝通的前提。很多家長在教育子女問題上是「依據自己的想法」和「夫妻間商量的結果」，較少考慮教育的原理和孩子自己的想法，因此，改變家庭權力的定位狀況，是推進親子溝通的基礎。家長學會理解孩子、傾聽孩子心聲，欣賞鼓勵孩子，培養孩子的自尊是掌握溝通技巧的關鍵。

在生活中，父母對孩子的關心與幫助，對孩子人格的尊重與信賴，可引發孩子內心深處的真誠感激，並努力按照父母的要求去做。這樣日久天長，父母和孩子之間就會形成一種親密關係，父母在孩子的心目中，也就自然而然地具備一種建立在威信基礎上的巨大教育力量。由此，創建民主的家庭氛圍，不僅不會有損父母的威信，相反，更有利於親子間實現有效

溝通，讓孩子成為自信、自強、有道德、有能力的人。

在民主的家庭裡，父母的威信是父母和孩子之間一種積極的肯定的相互關係。這種關係的基礎是父母對孩子的尊重與孩子對父母的愛戴，不是訓斥與聽命、支配與服從的封建君主專制的威信。

然而，今天有些家長還有這樣的想法，誠如魯迅先生所說「他們以為父對於子，有絕對的權力和威嚴；若是老子說話，當然無所不可，兒子有話，卻在未說之前早已錯了。」他們的封建思想還很嚴重，他們仍舊認為自己是「一家之主」，享有特權，可以對子女任意發號施令。對待子女的質疑，他們的回答是：因為我是爸爸（媽媽），我說不行就不行。他們對子女想說什麼就說什麼，想怎麼說就怎麼說，想怎樣處置就怎樣處置，不允許子女辯駁。

這對子女勢必造成不良影響。有些孩子好逞威風，以強凌弱，頂撞家長、老師，這些往往是由於他們在家裡受到了不公平的待遇和強權的壓制，而出現的一種尋求平衡的變態心理。他們是用這種「蠻不講理」作為對家長「蠻不講理」的一種發洩或報復。

一些家長常困惑地問：「為什麼孩子有話不願意跟我說？」其實原因就是這些家長總是一副高高在上的樣子，因此孩子們尊敬他們，但卻無法理解他們，總覺得跟父母缺少「共同語言」。如果父母期望孩子接受自己，想創造民主、和諧、友好的家庭環境，就必須平等地做孩子的朋友，要做好孩子的朋友，家長就應該了解孩子、理解孩子。而平等交流是了解、理解孩子的最好手段。

傑克和凱薩琳是美國阿肯色州的自由職業者，他們在教育孩子方面下了很多工夫。他們說自己一直在努力為孩子提供一種民主的家庭氣氛，他們和孩子的關係就像朋友一樣友好親密。

他們把孩子描述理想的作文保留下來，把孩子的學習成績、身高等

按逐年變化繪製成曲線圖，從小就教他們唱歌、游泳、划船、釣魚，帶他們到博物館參觀、看展覽、看歌劇，有空還帶他們到大自然中去呼吸新鮮空氣……

在各種活動中，他們不因為自己是家長就說一不二，或擺出什麼都對、什麼都懂的樣子，而是做能給予孩子知識和歡樂的最知心、最親密、最可信賴的朋友。遇到搬家、換工作、買車之類的事情時，他們就會召開家庭會議，和孩子商量該怎麼做，還組織家庭音樂會，並將每個人唱的歌曲錄製在磁帶中。由於家庭氣氛民主和諧，孩子們生活得無憂無慮。

愛是家庭關係最基本的情感，人們很容易做到愛孩子，但很難做到尊重孩子。父母對孩子的愛首先要考慮孩子是否需要你的支持和幫助，否則，你的所作所為就可能使孩子覺得自己不被尊重。孩子長大後就會對父母一如既往的「愛」反感和拒絕。如果父母在愛中不加大尊重的比例，不增添民主的濃度，那麼，父母和孩子間很難有親密的關係，親子間也就很難實現有效的溝通，嚴重時會導致意想不到的後果。

其實，有效地家庭教育、互相尊重、互相理解正是基礎上的，創造民主平等的家庭氛圍並不難做到：

一、要有理。

應該幫助孩子理解遵守家規的必要性，使孩子懂得服從規則會給自己和別人帶來什麼好處，增強孩子遵守規則的自覺性，成為執行規則的主人。如，學習用具收放整齊是為了保護用具的完整和乾淨；不能打人罵人是因為打人罵人會給別人帶來痛苦，而別人也不再樂意和自己友好相處……諸如此類的道理孩子是完全可以接受的。只有懂得了道理，孩子才會有遵守規則的願望，使孩子感到不是家長在管著他，而是幫他實現願望。

二、要有格。

　　為孩子定的規則應該是最必要的，經過努力可以達到的，不能太多、太複雜，待一批規則掌握並能認真完成後再增添新的。家庭中孩子應遵守的規則，首先是生活作息，如要求孩子按時起床、睡覺、吃飯等。每項活動應按規則行事，如飯前要洗手，吃飯時不能亂跑；睡覺時能按次序脫衣、鞋襪，並把它放在固定的地方。還要為孩子確立一些文明行為規則，如對父母、老人要尊敬；對小朋友要友好，不能打人、罵人；能和他人分享玩具、食物，不獨占獨食；不是自己的東西，沒有得到別人的允許不能隨意動用等等。家長還要向孩子灌輸社會公德，如不准隨地吐痰、亂拋果皮紙屑等。

三、要有情。

　　執行家規要富有情趣，要多運用直覺、形象的方式跟孩子講道理。家規教育中始終貫穿著情感的體驗，如對家庭成員的熱愛，對小朋友的友好，並有對自己行為後果的感受力等。如，家裡來了客人，孩子會主動問好。幫大人招待客人，渲染了熱情溫暖的家庭氣氛，客人們讚不絕口，孩子也從中感受到了最大樂趣，因而更加穩固了他的良好習慣。

　　家庭是孩子們最重要的生活環境。孩子只有在充滿民主、平等的家庭關係中才能健康快樂地成長。如果我們自恃是子女的父母、長輩，就擺出一副家長的架子，對子女不講民主，不講平等，不講道理，以勢壓人，以強凌弱，不尊重子女的人格，壓制子女個性的發展，會對子女的成長很不利，弄不好還會使子女產生心理上的疾病。

創造利於成長學習的環境

首先，做一個小測試，看看您的家庭環境是否有利於孩子的發展。問卷共十二個題目，每一道題的回答分為三種：完全肯定的、不完全肯定的、否定的。問題是：

一、　我們家每個成員都對家庭承擔義務，每人至少有一件必須按時做的事。

二、　大家都按一定的時間吃飯、睡覺、娛樂、工作和學習。

三、　孩子的課外作業和閱讀放在遊戲、看電視或其他事之前進行。

四、　孩子功課做得好，或者成績優良、有進步，家長就給予表揚。

五、　孩子有一個安靜的學習環境，有做功課的書桌，還有學習資料和其他書籍。

六、　父母和孩子一起談論新聞、讀過的書、看過的電影或電視節目。

七、　經常帶孩子去博物館、動物園、圖書館、歷史遺址等有意義的地方。

八、　鼓勵孩子使用優美的語言，糾正他錯誤的字句，並幫助他掌握新詞。

九、　每天晚飯或其他全家聚集時，共同談論當天發生的事，同時認真傾聽別人的談話。

十、　知道孩子目前的老師是誰，孩子在學校做了些什麼，現在用什麼課本。

十一、　了解孩子的長處和缺點，能在他需要的時候給予鼓勵和特別的幫助。

十二、　和孩子談談將來，談談高中、大學，談談受進一步教育的打算

和將來的工作等。

每道題的答案如果是完全肯定的，得兩分；不完全肯定的，得一分；否定的，不得分。

測試結果，如果得分在十分以上，說明您的家庭環境處於上等；六分以下處於下等；六分至十分之間，屬於中等。處在中下等的家庭，一定要注意了，這說明您的家庭環境存在某些問題，需要引起重視，並需對所發現的問題有意識地加以調整和彌補。

那麼，怎樣做才能營造環境幫助孩子成長呢？首先是父母要帶頭學習，成為學習的主體。因為在高科技發展的社會裡，父母與孩子在新知識面前幾乎處在同一起跑線上。只有「愛學」、「樂學」、「善學」，才能與時俱進，成為合格的父母。「只要孩子好好學習，不要自己天天向上」的父母是不受孩子歡迎的父母。以犧牲自己的學習，放棄自己對知識追求為代價，只關注孩子的衣食住行，也許是給孩子最可怕的禮物。父母的自身學習及與孩子的溝通分享是給孩子最美味的「心靈雞湯」。孩子的生命中不可缺少來自父母的精神和文化的養分。其次是要為孩子學習創造必要的學習環境，要有固定的學習時間。在固定的學習時間內，父母要和孩子一起學習，一起交流，在家庭中創造濃厚的學習氣氛，養成孩子以學為樂的良好習慣，為與孩子更好的溝通打下基礎。

學習是一項艱苦的腦力勞動，需要踏實、專心，最忌諱浮躁、腦力不集中。一個孩子在家裡學習的時候，必須「入靜」，即做到目的明確、思想集中、心裡踏實、適度緊張。一坐到書桌前，先想一想要做幾件事，安排好先幹什麼後幹什麼，避免手忙腳亂，自己給自己造成困難。每做一件事，就全力以赴，不想其他，而且保持適度的緊張感，提高學習效率。要達到這樣的境界，需要父母與孩子共同努力，父母起引導作用。越是年齡小的孩子，越需要父母多花心思。

　　父母一定要讓孩子明白學習必須專心、踏實的道理，應該把溝通與訓練結合起來。古今中外，專心學習的故事很多，找給孩子看，講給孩子聽。可以帶孩子到大型圖書館的閱覽室去看書、閱報刊，讓孩子感受那種人人專心讀書的環境氣氛。訓練方法主要是定時、定任務、定要求，讓孩子力所能及，能高效率完成，親自嘗到專心讀書學習的甜頭。年齡小的孩子，父母應該給孩子示範，比如，一定時間裡，工工整整寫多少個字、記多少個詞語、背多長的課文。還可以用競賽的方法進行訓練。堅持一段時間，專心的習慣就能養成。

　　有的父母，每天只知道用簡單的話催孩子、訓孩子，而沒有訓練孩子，結果使孩子養成馬馬虎虎、潦潦草草、應付交差的壞習慣，反過來又埋怨孩子不爭氣、沒出息。父母卻沒有想想自己應負什麼責任。如果孩子已經不能「人靜」，父母先得反省一下自己的做法有什麼毛病，不能一味地說孩子不好。然後，改變自己的做法，明理導行，幫助孩子改變不良習慣。

　　父母有必要給孩子預備固定的學習桌椅，桌椅的位置不能亂動。學習最忌諱「打遊擊」，一會兒在這裡寫作業，一會兒又哄到別處去。桌椅固定，孩子容易形成專心學習的心理定勢，一進入這個環境，腦子就進入學習狀態。有些父母也許聽過馬克思（Karl Marx）在大英圖書館讀書的故事，為什麼他每天固定在一個座位上？就是為了更專心讀書學習，時間長了，腳下的地板磨出了深溝。

　　桌子上不能亂七八糟地放東西，應整齊地放課本、作業本、文具以及必要的工具書，旁邊有一個小書架、書箱更好。桌子上和桌子旁邊絕不要放玩具、零食，以免干擾學習。

　　房間布置要適合孩子學習。孩子的房間布置應簡潔、明快，擺放物品不能太多太雜。牆壁以淡色為好，不要貼、掛很多東西，應該有一條關於學習的格言或座右銘，最好由孩子自己選擇。有的父母會自己編寫格言、

警句，抄好貼在牆上，這個辦法可以借鑒。

房間的布置適當考慮孩子的個性特點。比如有的孩子特別好動，房間就應減少大紅大綠、花色斑駁的東西，以免助長不穩定的情緒。有的孩子過於內向、沉悶，房間的布置反而需要熱烈、活潑一些。

在孩子學習時保持安靜的環境。孩子學習時，家人盡量保持安靜，電視、收音機最好不開，如果在不同的房間，應把門關好，聲音調小。說話不應大聲，尤其不要吵架。家裡人最好有共同學習的時間。條件允許，每天晚上幾點到幾點，全家人同時學習，有的讀書，有的看報刊，有的寫東西。

允許孩子與自己的辯論

德國漢堡有位心理學家透過多年的實驗觀察後證實：「兩代人之間的爭辯，對於下一代來說，是走向成人之路的重要一步。」而心理學家經過調查研究也得出這樣的結論：在反抗期，能與父母進行真正爭辯的孩子，將來會比較自信，也富有創造力。孩子與父母爭辯，在成長歷程中至少有兩點益處。

刺激智力的發展。這能促成孩子和父母爭辯的直接原因，是他們語言能力的進步和參與意識的覺醒。在爭論時，孩子必須根據自己對環境的觀察分析，選擇並運用學到的詞彙和表達方式，試圖有條理地表達自己的欲望、觀點，挑戰父母，這將大大刺激孩子語言能力的發展。而且，透過爭辯，孩子可以學到爭論、辯論的邏輯技巧，這對孩子日後思考發展是有利的。

幫助形成個人意志。心理學家認為，爭執能幫助孩子變得自信和獨立。在爭辯中，孩子會感覺到自己受到重視，知道應該怎樣表達才能實現

自己的意志。爭執也表明孩子自我意識的覺悟，正在嘗試著走自己的路。孩子在與父母爭辯後發現，父母並非總是正確的。辯論的勝利，無疑使孩子獲得一種快感和成就感，既讓孩子有了估量自己能力的機會，也鍛鍊了他們的意志力。

因此，明智的父母通常不把自己的意志強加在孩子身上，而是為孩子的爭辯創造了一種平等的氛圍。在爭辯的過程中，父母應循循善誘，以理服人，不要簡單地把孩子的爭辯看作是對長輩的不敬。

但是，現實的情況是，父母總覺得小孩子見識少、閱歷淺、不成熟，又是自己生養的，於是形成了「大人說話小孩子聽」的定論。不少家長不允許孩子與大人爭辯，他們奉行「父母之命」的教義。孩子只能對大人的話「言聽計從」，是絕不允許與父母拌嘴、爭辯的，否則就是「大逆不道」。

而隨著孩子年齡的不斷增長，父母與孩子之間的矛盾也會日趨增多，而由此引發的爭辯也就成了家庭中常見的現象。對於孩子們的爭辯，許多父母往往無法正確地看待，甚至不能容忍，認為這是孩子不聽話、不孝順，每每遇到這種情況，總會嚴厲的加以扼制。長久下來，孩子就會與父母產生對抗情緒，造成對父母的不信任，進一步使溝通困難。

無數事實表明：爭辯是在孩子與父母談話中，孩子最有興致、最高興、最認真的時候常發生的事。這只有在家庭民主的空氣濃、關係和諧時才會出現。一個家庭如果父母角色意識太強，清規戒律太多，你想與孩子爭辯恐怕都辦不到。因此，孩子與父母爭辯，不要怕丟了父母的面子，不要擔心孩子不聽話、不尊重你、為難你。孩子也是講道理的。你與孩子爭辯，孩子覺得你講正義、講道理，他會打心底更加愛你、親近你、信賴你、尊重你。你要孩子做的事，他透過爭辯弄明白了，會心悅誠服地去做。你有難題，孩子參與爭辯，也能啟發你。這有什麼不好呢？

對孩子來說，與父母爭辯是一種自信、自立、自尊、自強的表現，是

一種心理的宣洩。正如某些心理學研究者所說：「爭執能幫助孩子變得自信和獨立，在對抗中他們感覺到自己受到重視，知道怎樣才能貫徹自己的意志。」

提倡父母與孩子爭辯，而不是阻攔、限制、放棄、回避、不理睬。爭辯表明孩子在走自己的路，認真思考問題，次數多了，他們會明白父母並不是樣樣都正確。

父母與孩子爭辯，孩子能弄清是非曲直，學習一些知識，學會估量自己，了解自己的能力，養成實事求是、堅持真理、以理服人、平等公正的好特質，形成好的人格。

父母與孩子爭辯，能活躍家庭氣氛，在感情交流、思想溝通中，表現了一種親情和友愛，拌嘴、爭辯是重視對方的一種方式。它能促使孩子體驗父母情感的變化，正確對待父母和自己，正確對待所辯的問題，化解矛盾，獲得共識。如果一個孩子從不與人爭辯，總是與世無爭，那麼，他的勇氣、進取心、正義感等就值得懷疑了。

與孩子溝通時注意語氣

成功的家教與父母的言語表達息息相關。尤其是父母跟孩子說話的語氣，將對孩子的情商、智商、氣質、修養產生深刻的影響。

父母與孩子的交流應該以尊重為前提，可以積極引導而不是訓導。父母可以反省一下，自己經常用一種語調與孩子講話，而我們是絕不會用同樣的語調來跟朋友交談的。如果自己把對孩子講過的話錄音，認真地聽一聽自己的聲音，就會發現在很多情況下我們並不尊重孩子。父母總是以教訓的口氣，哄人的口氣，引誘的口氣來贏得孩子們的合作。這種情況下，孩子們即使和父母合作也不是發自內心的。

如果有的父母了解到自己的語調是錯誤的，便應該開始改變自己以平等的、朋友似的談話口氣，來與孩子交談，更能順利地與孩子溝通。

有些父母受傳統觀念的影響，認為「我是父母，你是孩子，孩子聽父母的話是天經地義的事」，因而動輒以父母的口吻，居高臨下地對孩子說話。殊不知，這是親子之間良好溝通之大忌。父母應該更新觀念、放下架子，與孩子溝通時多些平等、民主。比如，可以問孩子：「這件事這樣辦你覺得怎麼樣？」等等。一旦孩子覺得父母尊重他，把他當朋友看，他就會與父母拉近距離，也把父母當知心朋友，如此，進行溝通也就水到渠成了。

作為父母，我們的責任是引導孩子，我們需要檢查自己是怎樣引導孩子的。要正確引導孩子，應對他們有細緻的觀察，了解他們的行為目的、情感願望，如果我們感覺到他們在想什麼，就對他們有了更深的理解。這個並不難，因為孩子們從幼兒時期起就在無拘無束地表達自己。如果我們總在批評他們、教訓他們、告誡他們、挑他們的毛病，他們會由此加深苦惱，認為是父母不愛他們、討厭他們，無形中和父母之間有了距離，這樣的話，慢慢地交流的大門就關上了。

父母和孩子交流時，要站在同一高度。在溝通的時候，也一定要記住，如果你是在訓導孩子，你使孩子做到的通常與你訓導所引導的方向相反。

那麼，和孩子溝通正確的語氣應該是什麼樣的語氣呢？

信任的語氣

孩子希望得到成人，特別是父母的信任，所以對孩子說話時要表現出充分的信任。如孩子想學打羽毛球，你用信賴的語氣說：「我相信你只要努力學、認真學，一定能學會打球的。」這無形中就給了孩子一份自信，並讓他明白，只有堅持才能獲得成功。假如用的是挖苦的語氣：「就你這樣三分

鐘熱情還想打球啊？」就會給孩了的自尊心帶來傷害，令他對白己的能力產生不自信。

尊重的語氣

從兩三歲起，孩子的自我意識就開始萌芽，隨著年齡的增長這種自我意識會越來越強烈。孩子有了自己的一些主見，說明孩子知道了自己的力量和能力。當他提出自己的看法和要求時，不要認為是他不聽你的話，跟你對著幹，而粗暴地反對他。若你要求孩子學英語，可他還想再跟朋友玩一會兒，你不能發脾氣：「越大越不聽話了，不好好學習，看你長大了能幹什麼。」這樣做只會讓孩子更加厭惡學習。應該用尊重的語氣：「那你再玩一會兒，不過，玩完了，一定要學英語。」孩子就比較樂於接受了。

商量的語氣

每個孩子都是有自尊心的。要孩子去做某件事情，可用商量的語氣，讓他明白，他跟你是平等的，你是尊重他的。比如，你想要孩子把地上亂丟的玩具收拾整理一下，可以這麼說：「玩具亂丟是多不好的習慣啊！你跟媽媽一起把玩具收拾一下好嗎？」千萬不要用命令的語氣：「你怎麼搞的，玩具亂丟，快點去收拾好！」否則，孩子聽你責備，心裡就會產生反感，即使按你的要求去做，也是不開心的。

讚賞的語氣

每個孩子都有優點，都有表現欲，發現孩子的優點並加以讚賞，會讓他更加樂於表現。孩子畫了一幅畫，也許畫得不是很好，可孩子作畫的熱情和認真的態度是最可貴的。當孩子把畫捧給你看時，不能輕描淡寫地應付幾句：「畫得一般，好好練。」這樣會讓孩子對畫畫失去熱情和信心。應該用讚賞的語氣肯定他的作品：「想不到我的寶寶畫得這麼好，繼續努力，

一定會畫得更好。」孩子的表現欲得到了滿足，有了快樂的情緒體驗，對畫畫就會更有興趣。

鼓勵的語氣 要孩子做到沒有過失，這是不可能的。當孩子做錯了事，不要一味地批評責備，而應幫助他在過失中總結教訓，累積經驗，鼓勵他再次獲得成功。如孩子第一次幫媽媽端飯碗失手掉到地上打破了，你不能責備他：「連個碗都端不穩，真笨。」這樣會打擊孩子嘗試新事物的信心和勇氣。應該用鼓勵的語氣：「你不小心打破了碗，沒關係，以後先用手指試試燙不燙再去端。」這樣，既教給他實踐的方法，又給了孩子再次嘗試的信心。

不當面講老師壞話

現在的家長普遍具有一定的文化水準，很多人還是某方面的專家，所以他們通常會懂得一些教育規律和教育方法，孩子教育遇到問題，有自己的見解。由於家長和老師所處的立場不同，對教育認識的角度不同，雙方在某些方面產生某種分歧是正常的。但是，聰明的家長，任何時候都不會在孩子面前說老師的「壞話」。因為聰明的家長深知「親其師，信其道」的道理。正如聰明的父親和母親，在孩子面前，總是互相表揚對方的優點，讓孩子敬佩自己的雙親，而不是貶低對方，抬高自己。

田野次郎正讀國中一年級，學習成績總起來還是不錯的，但是數學有點差。期末考試成績下來後，田野次郎的父母對其數學成績非常不滿。孩子於是就對父母訴苦，說他們的數學老師教得不好，他上課聽都聽不進去，又怎麼能將數學學好呢？家長聽後，覺得孩子說得很有道理，就在背地裡說了孩子的數學老師很多不好的話，甚至還揚言要去校長那裡告老師的狀。田野次郎有了父母撐腰，就更不願意學數學了，每天上課的時候，

總是偷偷做一些與數學無關的事情。幾次大考下來，他的數學成績更加糟糕了。

　　青少年的思想感情還不成熟，做事情很容易受到情緒的影響，很多孩子都是因為老師的緣故對某學科特別喜歡或者非常討厭，這種情況一方面要求老師提高個人教學水準，加強親和力；另一方面也要求孩子和家長努力多和老師做更多溝通，加深雙方的信任和了解，這既有利於老師今後的發展，更有利於孩子學業的進步。

　　很多家長卻不夠冷靜，以致缺乏清醒的認知，經常在孩子面前說老師的壞話，破壞老師在孩子心目中的形象，這種現象是由兩種常見情況造成的。一種是家長比較自負，認為自己比老師更懂，因此經常對孩子說「你們老師水準太差了」、「你們老師還不如我呢」之類的話；另一種情況是孩子因為某種原因，對自己的老師有意見，家長不做耐心細緻的了解和引導工作，而是跟著孩子一起批評老師。無論是哪種情況，家長的做法都在這一系列事件充當了不應該充當的角色。這種做法在感情上傷害了老師，在教育上否定了老師。更為嚴重的是，孩子在不知不覺中對老師越來越不信任，很容易因此對學校或老師產生某種輕視，進而無法深入學習中，最終導致教育的失敗。

　　父母應該在孩子面前有意識地保護老師的形象，這樣做既是對老師的一種尊重，更是對自己孩子負責，所以家長千萬不要隨意在孩子面前說老師的壞話，要在孩子心中樹立起老師的良好形象。就目前的教育普及情況而言，家長不可能讓孩子各科都擁有世界上最好的老師，所以，老師有些缺點和不足是難免的，家長要引導孩子去接受這個老師，讓孩子去和老師積極配合。當孩子在家長面前批評老師的時候，家長要幫助孩子客觀地分析一下相關情況，千萬不能當著孩子的面說一些不負責任的話，對老師調侃或嘲諷一番，這會影響孩子對老師的信任和學習熱情，最後的結果是，

孩子成為了最大受害者。

孩子需要獨立自主和大膽質疑的精神，但在求學的某些特定階段，也同樣需要對教育者的崇拜，試想，如果孩子不崇拜自己的老師，怎麼可能會聽他的話，怎麼可能學會知識呢？只有孩子崇拜老師，尊敬老師，才會肯定老師的說法，也才能夠在課堂上吸收老師所傳授的內容，化為己用。

所以，家長應該注意自己的言行，不要隨意在孩子面前議論老師，更不要當著孩子的面數落某某老師的不是。老師在孩子心目中的地位應該是神聖的，對猶如一張白紙的孩子來說，無所不知的老師也維護了高大的人格形象。由於孩子判斷是非的能力弱，如果家長在孩子面前對老師橫加指責，就會產生立竿見影或潛移默化的副作用，打碎孩子心目中的偶像，從而影響對孩子的教育效果。師非聖賢，人無完人。即使在教學上出現差錯也在所難免，家長誘導孩子改正就是了。總之，給老師一個積極的肯定，給孩子一個積極的人生心態。

讓孩子感覺到尊重

每一個人都渴望得到尊重，孩子也是如此。美國總統林肯（Abraham Lincoln）說：「首先尊重他人，才能得到他人的尊重。」這是一條不變的做人法則。對於父母來說，想要得到孩子的尊重，首先也要尊重孩子。

日本教育家多湖輝也曾說過：「本來親子關係有如膠著的戰爭狀態。其中一方攻打，另一方就反擊；一方撤退，另一方則又進攻。縱然這是無意識的，但孩子多能敏銳觀察到父母的心理，有時威脅，有時撒嬌，假如父母的作戰態度略微鬆懈，孩子就會立刻占上風。基於上述理由，父母必須有心理作戰的準備，就是視孩子有獨立的個性，由此考慮孩子的心理。」而希望獲得尊重就是孩子的一種心理需求。

尊重孩子的人格

日本池田大作說過：「即使是孩子，也有人格，也是一個獨立的人，這個前提必須明確。孩子絕不是父母的所有物，他的人格是構成社會的組成部分之一，人格必須用充沛的愛來培育。」

貪玩、愛吃、任性，這些是不少孩子常見的舉動。如果父母因此勉強孩子遵守各種規條，往往達不到好的效果。因為兒童經常會發洩情緒，他們的理智不夠成熟，不可能對大人言聽計從，如果孩子像大人一樣老成持重，必然是被強迫遵守成人的規矩所致。

例如十二歲的兒童，生理、心理正處在逐漸發育成長的轉變中，比較注重追求自身的「獨立人格」。此時，若家長誘導不當，會嚴重影響親子間的感情交流。為使孩子順利度過這一階段，專家對家長有以下建議：

一、勿抱成見

家長不要一看到孩子有獨立意識的行為便極力壓制，擔心讓步會導致孩子走上歧途。父母反對越激烈，孩子就會越加堅持己見，他們是「吃軟不吃硬的」。十幾歲的孩子長壯了、成熟了，只要家長不用有色眼鏡看他，他會按照自己培養起來的行為方式去做人，成為你的好孩子。

二、不要盲目責怪孩子

孩子的「叛逆行動」有時看起來是針對你的，其實也許根本不是。例如：有一家人習慣假日早起做「早晨運動」。一日，孩子卻說他要晚起床，不去運動了。其父母本可大發脾氣，但他們並沒有這樣做，而是平心靜氣的問明原因。原來，孩子為了學校的壁報忙到很晚，實在是太疲倦了。於是家長便把時間推遲了。

三、保持作為家長的地位

父母應當成為孩子的朋友，互相信任，共享快樂，但這種友誼不應包

括「平等」。你應當是一名船長，可以聽取船員的意見，但最終決定航向的仍然是你。

尊重孩子的興趣

現在，很多父母都已注意到孩子早期教育的重要性。於是越來越多的孩子，在幼兒時期便開始接受某方面特長的教育。但是，在家長開發孩子智力的良好願望下，許多孩子卻出現了不同程度的厭煩情緒，這是為什麼呢？家長該如何引導幼兒選擇其愛好呢？

日本教育家高橋敷指出：「父母（教師）不應指示孩子做什麼，而應千方百計讓孩子想做，啟發他想站立，想走路，想寫字，想讀書，自己起個啦啦隊的作用。」可見，幼兒的學習興趣是由情緒支配的。他感興趣的、喜歡的就去學，反之就不學。成人輔導孩子學習，重要的是引發幼兒的學習興趣。

興趣不是天生的，而是後天逐漸培養和發展起來的。幼兒的興趣往往帶有濃厚的個人色彩，有的喜歡繪畫，有的喜歡音樂，有的喜歡手工製作。家長應尊重孩子的興趣和愛好，但尊重不等於放縱。幼兒身心發展還不完善，自我控制能力差，因此在尊重幼兒興趣的基礎上，去引導和教育幼兒是非常必要的。但有些家長，不顧孩子的興趣，而根據自己的意願、愛好，強迫孩子學習，這是很不正確的做法。如，有的家長看到別的孩子鋼琴彈得好，就盲目買鋼琴讓自己的孩子學，結果孩子不感興趣，越學越煩，感到彈琴是在受懲罰，從而產生厭煩情緒。又如，有個小女孩特別喜歡武術，可是她父母都認為這是男孩子學的，女孩子不能學，無奈，她只好放棄自己的愛好。這對孩子的成才是很不利的。

著名的心理學家皮亞傑（Jean Piaget）曾經說過：「強迫工作是違反心理學原則的，而且一切有成效的活動，都必須以某種興趣為先決條件。」

尊重孩子的選擇

許多父母總是喜歡替孩子做決定,孩子上什麼學校,父母選;孩子報什麼科系,父母選;甚至孩子找什麼樣的異性朋友,也得由父母來把關。如果一個孩子無法決定他自己的事情。他就會備感沮喪,他會非常仇恨父母剝奪自己做決定的權利。在這種情況下,親子關係必然是充滿火藥味的。

人生會面臨很多的選擇,無論是小孩還是大人,在孩子成長的過程中,作為家長往往會設計孩子的未來。家長自作聰明的認為,我們在為孩子盡一份責任,也是幫助不懂事的孩子選擇未來。父母往往想讓孩子照大人的意願去做,做一個好孩子、乖孩子。其實孩子有孩子的天空,孩子的未來需要他們自己去掌握。不需要我們像對嬰兒般呵護他們,隨著孩子年齡的增長,這種欲望也就越強烈。孩子的選擇在學會走路和說話之前,家長什麼都可以忍耐,甚至是破壞的動作,你也會原諒他們,甚至認為孩子有本事。可是孩子的年齡一天天見長,家長的耐心在逐步的消失,由寬容大度鼓勵,變成了狹隘苛求訓斥,使孩子無所適從。孩子的選擇與家長的意見相左時,遭到訓斥的肯定是孩子,家長從來不會從自身找原因,因為家長自認為高明,孩子什麼都不懂,於是就剝奪了孩子的選擇權。孩子沒有了選擇權,也就沒有了生活動力,會逆來順受,養成懶的習慣,習慣於家長給他們築好的巢。這對孩子來說未必是件好事情,畢竟孩子的路需要孩子自己走。家長不過是階梯或者是孩子的拐杖而已。

人生就是在不斷的選擇。孩子成長的過程就是不斷選擇的過程。孩子在不斷的選擇中,充實自己、完善自己,累積知識、累積生活的經驗,使他們在身體成長的同時智力也能得到良好的開發。

孩子是有差異的,孩子的愛好也是不同的。孩子的愛好有時是和家長一致的,孩子的奮鬥目標也是家長的奮鬥目標。這樣的孩子的選擇會得到

家長的理解和鼓勵。孩子的愛好有時和家長的希望是不一致的，這樣孩子的選擇會得到家長反對，甚至強迫孩子接受自己的想法。孩子一旦認為自己的選擇遭到了反對，孩子會和你對著幹，走向你不希望的方向，甚至越走越遠。助長孩子的叛逆心理。

　　作為家長要想孩子之所想，急孩子之所急，解孩了之所難。尊重孩子的意願，尊重孩子的選擇。只有這樣，才能贏得孩子的信任，了解孩子的內心，幫助孩子健康的成長。

尊重孩子的情感

　　許多父母總是讓孩了在他人面前表演才藝或者展示特長，殊不知，這種做法往往會傷害孩子的情感。有些父母會認為，小孩子有什麼情感。實際上，孩子雖小，但他也有自己的情感。他們不願意被父母操縱，不願意成為父母取悅他人的工具。

　　孩子擁有自己的情感世界。父母應該尊重孩子的情感，不能隨意干涉孩子的情感需求。然而在現實生活中有些家長並不重視這一點。他們缺少與孩子交流，常常對孩子諸如恐懼、煩惱、憤怒、狂喜等真情流露，根據自己的好惡來規範和評判，有意無意地壓抑孩子的情感。我們應該知道，一個過度壓抑自己情感流露的孩子會顯得木訥、缺乏靈氣、鬱鬱寡歡。孩子尚不成熟，他們為了被父母接受，或者不被父母斥責，會故意克制自己的情感，把自我否定作為生存之道。因此很難說這樣的孩子會有健康的個性。

　　孩子的情感需要得到家長的尊重，孩子的情感世界需要家長的精心呵護。對待孩子的真情流露，家長應該給予真情關懷，與孩子溝通，給孩子提供有益的建議，成為孩子可以信賴的朋友。缺乏耐心，用鄙夷的眼光、煩人的歎息、刻薄的言語甚至體罰等消極做法來對待孩子，會使孩子受到

傷害。口前讀到弒母的「資優生」與記者的一段對話，感觸頗深。記者問這位國中二年級的學生：「有沒有想過把自己的感受與想法跟父母講一講？」「想過。」「講了沒有？」「沒講。」「為什麼？」那位學生沉默好久才說：「我的父母從來沒有理解過我。我不愛他們。有一次，我爸要和我談心，家裡只有我們兩個人。他問我為什麼成績下降。我想告訴他真正的原因，但又不敢說。想想這些年家裡的情況，我忍不住哭了。這是我長大後第一次在我爸面前流淚。我真希望他能拉著我的手，鼓勵我說出心裡話。可是我爸見我哭了，罵了一句『鱷魚的眼淚』。從那以後，我再也沒在我爸面前流過淚。」請看，家長漠視孩子的情感世界，造成多麼嚴重的後果！

現在的孩子具有很強的主人意識和主體意識，他們需要得到家長的尊重，特別是在他們情緒低落或者感到困惑的時候，更需要得到家長的理解和有益的幫助。孩子的情感世界有著我們難以想像的豐富和變化。正因為如此，做家長的更要用心去揣摩，與孩子成為朋友，使孩子樂於與自己溝通。只有在這種良好的環境中，孩子的個性才能健康的發展。

尊重孩子的隱私

孩子有了隱私，許多父母總是千方百計的去試探，如翻抽屜看日記、拆信件，甚至打罵訓斥。殊不知這種做法會傷害孩子的自尊心，造成孩子沉重的精神壓力，甚至產生敵意和反抗，採取全方位的資訊封鎖和防備措施，導致父母與孩子關係的惡化。

理智的做法是尊重孩子的隱私權，也就是尊重孩子的人格。給他們一個自由的空間，但並非放任，對孩子的隱私要給予充分的關注，積極的引導。

首先，主動以平等的態度與孩子多交談，談父母在與他同齡時的一些想法、成功和挫折，甚至談一些當初的隱私，談自己對事物的看法和想

法，傾聽和徵求孩子的意見和建議，使自己成為孩子可以信賴的朋友。一段時間後，孩子會願意把自己心中的祕密告訴父母，這樣才能了解和掌握孩子的隱私，給予必要的指點和教育。

其次，要培養孩子的自我教育能力。獲取有關孩子隱私的資訊，即使有些越軌和不良因素，也不必大驚失色、毆打辱罵，可以與孩子一起討論理想、事業、道德、人生觀、價值觀等問題，引導孩子自己悟出為人處世的真理，提高孩子按規範要求調整自己行為的能力。有了這種自我教育能力，一些隱私中的危險傾向，都有可能自我解決。

第五章
溝通要注意細節
（保留祕密加活動交友圈）

父母保持良好的形象

彩子的父母帶彩子來看心理醫生，說這孩子對家長不尊敬，放學回家也不叫爸媽，大人說什麼，也是不理不睬的。問題出在哪裡呢？當家長回避後，彩子對心理醫生說：「我爸爸打電話老是帶『髒話』，我都替他臉紅，跟他說好多次了，至今也沒改！媽媽整天忙著買化妝品、買時裝，打扮得好漂亮呀，可是我上才藝班，她捨不得給我交學費，竟然找熟人走了個後門，我在那裡上課心裡很不安……爸媽從來不看書，我的課外書，他們讀錯許多字，我在學校訂的校報，他們也不看！整天教育我努力學習，他們怎麼做不到？我就是不喜歡這樣的爸媽，就是不願意叫他們。」

聽到孩子的傾訴，作為家長難道不慚愧嗎？孩子不尊敬你，是有她的道理的。父母無法給自己樹立一個好形象，又怎麼可能得到孩子的尊敬呢？

然而，現實中，這樣的父母並不在少數。家長在孩子的面前，要時刻注意自己的形象，為孩子樹立好榜樣。那麼，家長應該怎麼做呢？

一、發掘人格的魅力是提高家長威信的前提條件

日本教育家福澤諭吉曾經說：「做好榜樣要憑兩種力量，一是真理的力量，一是人格的力量。」家長首先應從發掘人格魅力方面努力，完善自己的人格，逐漸提高威信。具體說家長應注意以下幾點：

一、塑造良好的形象

如今的獨生子女，由於環境的影響，一般都顯得早熟、反應快、模仿能力強。如果父母衣著整齊乾淨、樸素大方、談吐文雅、講究文明、熱情禮貌，對工作、對事業認真勤懇，對他人友善寬容，對未來、對困難態度積極，那麼，子女就會潛移默化的受到影響。反之，如果家長衣著花俏輕

浮、粗言穢語、粗野暴躁、傲慢誇張、玩世不恭，那麼，孩子也久而久之就會養成不良習慣。總之，父母的良好形象對孩子性格、品德的形成起著舉足輕重的作用。

例如某高中男生，母親早年去世，父親又重病。他與奶奶、叔叔生活在一起，叔叔教育的方法就是一個字——「打」。孩子在叔叔的影響下學會了用拳頭「說話」。經常用粗暴的手段欺辱同學。有時，他叫同學，同學沒有理他，上去就是一腳，打了人還不准人家說出去。他非常怕叔叔，只要一說找他叔叔來學校，孩子就嚇得蹲在地上哭，但錯誤並沒有改正。學校對他進行了耐心的教育，但始終未能感化他，最終，因打群架問題而被退學。這個實例說明，家長粗暴的教育方法對孩子的意志、性格的形成是非常不利的，也嚴重影響健康心理的發展和人格的正確形成。還有一個女生，耳朵上打了好幾個耳洞，老師請來家長配合教育。看到家長的打扮，老師就明白了，家長的耳朵上戴著七個耳環，頭髮是金黃色的。孩子每日跟這樣的家長生活能不受影響嗎？另外，有些學生，經常因為生活瑣事麻煩老師、同學，事後，從來不會說「謝謝」，甚至有的學生借了老師的錢也不還；還有些孩子性格粗暴，滿口髒話。追根尋源，不少是從父母那裡學來的。總之，父母的形象對於塑造子女的形象有著直接的、不可改變的影響。常言道，孩子是父母的影子。所以，父母必須時時、處處、事事對自己嚴格要求，以自己的模範行為為子女榜樣。否則，如果父母胸無大志，庸庸碌碌，整天不是打牌，就是說謊，貪小便宜，那又如何教育好子女呢？

二、樹立正確的觀念

孩子一出生就是一個探索者。隨著年齡的增長，思維不斷地發展，孩子的好奇心也迅速發展，但了解問題的能力不一定很強。甚至有些方面

的認知並不正確。觀念的正確與否對人生極為重要，特別是對於人生的理解，家庭成員，特別是父母是否有正確的觀念，對孩子的影響深遠。父母應學會辯證法，只有這樣才能對各種複雜的問題進行理性的思考，從中發現事物的本質，達到對人、對事全面的而不是片面的、深刻的而不是表面的、本質的而不是現象的認識，達到對事物的理性認識，而不是只憑個人主觀感覺或推測的認知，才能對孩子提出的問題給予圓滿正確的回答。否則，如果經常讓孩子失望，就會降低威信，甚至可能誤導孩子，造成終生遺憾。

三、教育子女應講究方法

家長教育孩子，目的是幫助孩子認識錯誤，從根本上消除不良的思想和行為。如果家長在施教時不注重方法，憑情緒做事，對孩子不是諷刺、挖苦，就是訓斥、謾罵。這種教育方式，使孩子不但認識不到錯誤，還可能產生與家長對立的情緒，從而拒絕接受教育。這樣的結局，豈不違背了家長的初衷，使教育失去意義。那麼，家長應以什麼方法教育孩子呢？首先，家長教育孩子，應以說服教育的方法，例如家長讓孩子做某件事時，就要講道理，讓他們在思想上得到認同，也就樂於去做了。在孩子犯錯時，要透過講事實、講道理的方式，幫助孩子找出犯錯的原因和危害，明白是與非，使他們心服口服的接受，才能達到改正錯誤的目的。其次，家長教育孩子時應注意時間、地點。批評孩子時，不要絮絮叨叨、沒完沒了，這樣孩子會感到很煩。孩子吃飯時，家長不要對其進行批評，這樣不利於孩子的身心健康。家長在教育孩子時如注重方法，即可以減少矛盾，又能達到良好教育的效果，同時，還提高了家長的威信。

二、增長學識、提高能力是提高家長威信的重要方面

現在的孩子求知欲強，知識面寬。隨著年齡的增長，對家長的話不再

言聽計從了。家長在孩子心目中的地位也降低了。為了獲得孩子的信任，提高自己的威信，家長應注意知識的累積和能力與水準的提高。筆者認為家長至少應具備並不斷提高以下幾種能力。

一、觀察能力

家長應具有銳利的觀察能力，以便在生活中迅速抓住那些不明顯且不易被察覺事物的主要特徵，弄清事物發展變化的來龍去脈，從而適時的教育孩子，縮短教育過程，提高教育效果。例如有一名男生，他參與了一場打架，當家長問起此事時，他卻說「我幫忙勸架呢！沒有打架」。家長如果粗心大意，也就被孩子騙過去了。從而失去一次教育孩子的機會，又給孩子埋下了下次犯錯的禍根。家長在孩子心目中的地位怎麼會高呢。

二、協調溝通能力

有時，誤會的產生往往是由於父母封閉自己、固執己見、不與子女溝通、不與學校溝通所造成。首先，家長必須在思想上了解到：家庭教育與學校教育在教育要求、目標上應保持一致，在方法和內容上應相互協調。孩子犯了錯，一般都有恐懼和後悔的心理。害怕對他的錯誤處理重了，父母應正確對待孩子犯的錯誤，對孩子進行教育，指出錯誤的要害，才能使其認識到錯誤，並改正錯誤。這就抓住了孩子的後悔心理，促使他產生痛恨自己不良行為的情感，從而，迷途知返。相反，如果父母認為孩子的錯是小毛病，忽視大意，與學校教育失衡，孩子就會錯上加錯，難以改正。此外，家長應尊重老師的意見，支持並配合老師的教育工作。認真參加孩子的家長會，了解學校的教育內容，提高科學教育子女的能力與水準，用科學的教育方法和手段將孩子的問題在萌芽狀態解決。

另外，在教育孩子時，家裡人的意見要一致，態度要一致，協調是非常重要的，「步調一致才能勝利」。如果父親教育，母親護著；母親教育，

父親不管；或者父親說一套，母親說一套，會使孩子無所適從，這是不可能教育好孩子的。總之，父母在教育孩子時必須保持協調一致。只要家庭教育和學校教育相互協調、形成合力，就能達到事半功倍的作用。

三、知識水準能力

為提高威信，父母應盡力多學一些知識，古今中外、天文地理、自然科學都應該懂得一點。知識不要求多深，但面要求要廣。在學校教育中，過去有一句話，叫做「要給孩子一杯水，教師必須有一桶水」。意思是說教師必須具有遠比教科書豐富得多的知識，才能上好課。這同樣適用於家長對孩子的家庭教育。如果家長腦中空空，知識貧乏，又怎能把甘泉澆灌到孩子的心田中呢？其實，要想獲得知識，決定性的因素，是要培養孩子刻苦讀書的良好習慣。教育家們早就指出：「自我教育和個人的精神生活是從書本開始的。」我們應該把讀書，當作人生的第一精神需要，不斷從書本中汲取養分，有助於我們加強自身的文化素養。只有書讀的多了，才能意識到自己知識的貧乏。在知識的海洋裡，你能感覺到自己再不學習，就快成「文盲」了。讀書是一件苦差事，父母在這方面吃不起苦，又怎麼去要求孩子呢？父母的知識領域越寬廣，對子女教育的主動權就越大，在家庭教育中發揮的作用也就越大。希望為人父母的家長們，能在學習上多花點心思，這更有助於提高自身的威信。

三、建立和諧民主的家庭氛圍是提高家長威信的有效條件

家庭對孩子人格的形成與發展比學校對孩子人格的形成與發展，發揮的作用更早、更持久、更深遠。家庭中以血緣為紐帶的親情，無論從感情上、還是利益上，都是師生關係、朋友關係等無法代替的。父母與子女之間的關係，形成了一種家庭氣氛，而這種氣氛隨時影響著子女的情感與智力發展，影響著學習效果。和諧民主的家庭氛圍，父母良好的教育是孩

子形成健全人格的基礎保證。良好的家庭關係，給子女提供人際關係的榜樣，成為子女今後建立人際關係的一種潛在的基礎。如今，有些父母在教育孩子時，自覺或不自覺的擺出家長的架子，孩子稍有不合心意便打罵孩子，本來很容易解決的問題，結果變得複雜了，引起孩子對家長的不滿。這樣做的後果，容易造成家長與孩子的隔閡與對立，不利於孩子良好品格的形成。因此，家長應注意：

一、尊重孩子

隨著年齡的增長和知識的增加，孩子的獨立意識越來越強，情感越來越豐富，家長不能再把他當成一個不懂事的小孩子，張嘴使罵，動手就打。這樣做很容易傷害孩子的自尊心。家長不妨換位思考一下，你要是處在孩子的地位，會有什麼樣的感觸呢？自尊心人人都有，它是人們積極向上的一種內在動力，自尊心能驅使孩子不斷追求真理，尋找真理，忠實地履行自己的義務，增強自己的責任感。所以，家長應該尊重孩子，把孩子看作是一個獨立的人，與家長平等的人。不要用過激的言語、行為傷害孩子，這樣才能獲得子女的敬重。尊重能使孩子自尊、自信、自立、自強，尊重能使孩子健康成長，尊重能使孩子的個性很好的形成和發展，尊重能使孩子成才。

二、理解孩子

家長要善於傾聽孩子的意見，設身處地的從子女的角度來觀察、分析問題，將心比心，才能達到與孩子心靈的溝通。有些家長情緒很容易激動，往往為一點小事而發怒，無法理智的處理與孩子之間的矛盾，隔閡越來越深，家庭氣氛越來越緊張，其結果是家長對子女的教育管理適得其反。所以，家長應善於控制自己的情緒，採取平等的態度對待子女，允許子女發表不同於自己的意見；尊重子女的人格和個性，用情感來感化孩子。

允許子女向自己提出為什麼，如有不足之處也應該向孩子做誠懇的道歉。能做到讓孩子主動與自己交流思想、感情和問題的父母，才是優秀的父母、成功的父母。

三、培養、引導孩子

孩子的道德觀是由道德情感、道德意志和道德行為構成的，孩子只有在正確的指導下，才會沿著健康的道路發展。家長在教育孩子中，應緊緊圍繞知、情、意、行四個方面進行培養、引導。使孩子樹立高尚的道德觀念，在成長的道路上少走彎路；反之，如果家長教育孩子時，忽視了孩子思想上的培養。那麼，孩子就會在思想上，不求上進；在學習上，不肯努力；在生活上，是非不清；這樣發展下去是非常危險的。所以，家長要善於結合實際，堅持「遇物則誨」和「遇事則行」的道德訓練，逐漸使孩子形成良好的道德觀。在子女的成長和發展中，家長要善於發現子女的「越軌」和「偏差」行為，並能及時給予引導和糾正，例如孩子「志在讀書」，但卻沒有了解到讀書的目的，學習不太努力；那麼，父母就應該講清讀書的目的，是要提升道德觀念，克己奉公。這樣才能增加孩子上進的動力。孩子不但能健康的成長，父母在孩子心目中的威信也隨之越來越高。

承諾要兌現

為了激勵孩子，父母有時候會對孩子許下承諾。可是，很多家長無法做到有諾必踐。曾經對孩子許下很多承諾，隨著父母的淡忘，很多都不了了之，直到有一天孩子再提起，父母才會想起：「哦……哦，好像有這麼回事。」。

福岡升上國中後，成績退步很多，母親非常著急，就承諾他：「孩子，好好學習，如果你下次大考能進入全年級前十名，爸爸媽媽就帶你去富士

山玩。」福岡聽後異常興奮，暗下決心一定要好好學習，最終也如願以償進入了前十名。當福岡把考試成績告知父母後，父母也十分高興，卻對當初的承諾隻字不提，過了兩天後，福岡終於忍不住要求父母實現諾言，父母藉口工作忙不肯帶他去，他很不開心，再三要求父母帶他去富士山，結果父親一生氣，給了他一個耳光，還大罵他不懂事。福岡萬分傷心，再也不相信父母的話了，學習上也喪失了動力。後來還是福岡的老師了解到具體情況，跟家長及時做了溝通，家長這才明白過來，後悔當初不負責任的許諾。

很多孩子都不可避免的遭遇過福岡這樣的情況，家長出於一定的目的，或者一時高興，不考慮日後能否兌現，就輕易地給孩子許下諾言。等事到臨頭，又總是百般藉口，反覆幾次之後，便會對家長產生不信任。

所以，不要隨意對孩子許諾，而一旦承諾，就要承擔起相應的責任。著名兒童教育家瑪爾庫沙說：「孩子的目光就像永不休息的雷達一樣，一直在注視著您。」父母是孩子人生中的第一任老師，父母的一舉一動孩子都會去模仿。因此，你要求孩子不抽菸，你首先就不要抽菸；你要求孩子說話算數，你對孩子首先要說話算數。如果確實無法兌現你對孩子的承諾，一定要向孩子解釋原因。這樣在孩子幼小的心靈裡才能對誠信的重要性有深刻的印象和理解。因此，父母應該講究誠信，既然答應了孩子，就要信守承諾，說到做到。否則，就很難和孩子溝通。誠信是走遍世界的通行證，在與孩子的溝通中，同樣需要父母堅守誠信的態度。

英國十八世紀的政治家福克斯（Charles James Fox），在他少年時曾經歷過這樣一件事情，這件事對他之後的影響極為深刻。

那時，他家住在一幢花園式的府邸，園中有座舊亭子，準備拆掉。小福克斯想見識見識怎樣拆，請求等到學校假期再拆，父親答應了。福克斯平日住校，待到放假，回家就去看亭子，發現已經拆掉了。他很失望，說：

「爸爸說話不算數！」他父親聽後大為震驚：「孩子，你說得對，我錯了，我這就改。」隨即請人在原址建亭再拆，讓福克斯親眼看著拆除。福克斯的父親以實際行動告訴了小福克斯誠實的重要性。

還有一個相對的故事：

美子的媽媽說：「從小到大，我都很疼她，答應她的事都一定做到。她叫我帶她去旅遊我就帶，她叫我買什麼我都盡量滿足她，除非沒有答應。」

可是美子卻不這麼認為，「坦白說，我對媽媽不是很信任」。

美子解釋：「我從來就不覺得我媽媽是個守信的人，儘管她對別人好像都挺守信的，但唯獨對我不是。就拿我請她早上叫我起床的事來說吧。」平時美子媽媽因為睡得早，所以起得也特別早，是全家人的鬧鐘，負責叫爸爸和美子起床。可是大概從高中開始，這個「鬧鐘」開始間竭性失準，不多不少走慢了半小時，而且只會發生在美子晚上睡得晚的第二天早上。媽媽的解釋要麼是她起晚了，要麼是忙著做事忘了。一開始美子都「信以為真」，不過幾次之後美子明白了，那是媽媽為了讓寶貝女兒多睡半小時，故意推遲了原先答應好叫醒女兒的時間。

「有時候就因為那半小時，把我的計畫都打亂了。」「我人都這麼大了，難道還不會安排時間嗎？當我要自己設鬧鐘的時候，媽媽就說我難道連她都信不過？」現在每逢第二天有重要事情，美子晚上都睡得提心吊膽，常常驚醒，半小時的代價實在太大了！「經歷了太多太多這樣的事情後，坦白說，我對媽媽不是很信任。」

在德國，大多數家長們都遵守這樣一個原則：「教育孩子誠實守信，家長必須先做出榜樣。」在德國，你如果隨便亂扔垃圾或者在沒有停車標誌的地方停車，馬上就會有人過來阻止你，並給你灌輸一套遵守社會公德、為下一代做好榜樣的理論。德國用以監督是否遵守社會秩序的最好途徑，就是社會信用記錄。德國中央銀行設有專門掌管社會上，包括企業和個人信

用資訊的服務機構，從事信用評級、信用管理等業務。這一任務由德國的信貸信用保護協會承擔。德國的各金融機構均是該協會的成員，一旦客戶出現信用問題，如惡意透支信用卡或不及時還款，都會被記入資料庫。而有過不良信貸信用記錄的客戶在今後的生活中會碰到很多困難，如申請貸款時會被拒絕或者支付高利率，想用分期付款方式購買一些大件商品時，也會被商家拒絕。即使在日常生活中，這種監督也無處不在。就拿買車票來說，如果逃票被查到，就會寫入個人的信用記錄，成為終生的污點。

家長首先應該了解到誠信的重要性，不單在社會上要講誠信，更應該在家庭內部講誠信，這直接關係到下一代的順利成長，絲毫大意不得。當孩子失望、委屈時，家長不能只是責怪孩子不懂事，要多檢討自己哄騙孩子的做法是否合理，如果有，千萬不能因為愛面子而將錯就錯或找理由搪塞，而要勇於當著孩子的面道歉，承認自己的過錯，並設法透過一系列的行為證實自己說到一定能做到，從而給孩子樹立良好的榜樣。

孔子曰：「人而無信，不知其可也。行事之道，誠信為本。」父母是孩子的一面鏡子，父母的一言一行是孩子模仿的對象，父母從不失信，才能培養出誠實守信的好孩子。

把握溝通的最佳時機

心理學家根據研究經驗總結出，與孩子的溝通的最佳時機有以下十個。

一、**新學期開始的時候**。新的一年、新的學期開始或孩子進入新的學習環境時，會有一種新的意識、新的能力，此時家長因勢利導，當會「旗開得勝。」

二、**孩子享受成功喜悅的時候**。家長若能在祝賀鼓勵的基礎上，對孩子提出明確具體的要求，將會達到滿意的效果。

二、**孩子感受委屈的時候**。家長若能主動地以冷靜、寬容和同情的態度去跟孩子解釋，孩子會產生感激之情，也就易於接受家長的告誡了。

四、**老師來訪的時候**。家長應把孩子的優點告訴老師，同時以希望的口氣指出孩子的缺點，不宜單純的「告狀」。

五、**孩子有困難或遭遇失敗的時候**。家長不應訓斥，而應肯定成績，對不足之處給於幫助，助其走出「困境」。

六、**孩子有較大過失的時候**。這時家長的理解、同情、體諒是孩子最需要的，很多時候，循循善誘能得到更好的效果。

七、**孩子對某些事物懷有濃厚興趣的時候**。家長應積極支持、鼓勵，用興趣推動孩子去尋求知識，激勵孩子深入鑽研。

八、**有較大集體活動的時候**。這是教育孩子遵守紀律，為集體爭光，培養集體觀念的極好時機。

九、**他人做出成果的時候**。孩子往往會暗下決心「我也要做出成績」，家長要抓住這一時機，對孩子提出適當目標要求，使其一時熱情變為持久的行動。

十、**外出作客或有客人來訪的時候**。一般的孩子都喜歡聽好話，不願在別人面前丟臉，所以這時應注意保護孩子的自尊心，不在客人面前「揭短」，多談孩子的優點和長處，恰當提出希望。

眼神，最堅定的交流

眼睛，是人心靈的窗戶。眼神的交流，是對話交流的必要前奏。柔和、熱誠的眼神，能夠給孩子以誇獎；埋怨、責怪的眼神，往往會使孩子感到不安。父母在孩子面前，應盡量保持親切、和藹、信任與期待的眼神。這種眼神能夠使正在努力進步的孩子受到鼓舞，促使他繼續努力，使遇到

困難的孩子看到希望，增加他克服困難的勇氣和力量，使有缺點與錯誤的孩子得到溫暖，增強他上進的信心。

在每一個家庭中，父母都應該時刻注意用親切和藹的眼神去捕捉孩子的視線，使他感到父母時刻都在關心著他、愛護著他。在說話時，父母應注視著他，以表示出你在專心聽，讓孩子覺得你是他的「知音」。如果在孩子講話時，你的眼睛不時的左顧右盼，那會使孩子感到你心不在焉，他也就不願在父母面前談論他的想法和周圍發生的事情了。

給孩子微笑的眼神

微笑的眼神能夠縮短與孩子之間的距離，促進親子之間的關係。孩子們的心靈是敏感的，他們能夠讀懂包含在你的眼神裡的情感。

如果你的眼神裡流露著微笑，孩子會感覺到你的友善，他會願意與你成為朋友，因此努力表現自己，希望博得你的好感；如果你的眼神裡包含著冷漠，孩子會感覺到你的冷淡與忽視，他也會無視你的存在，不考慮你的感受；如果你的眼神裡流露著敵意，孩子會感覺到你對他的厭煩與仇恨，他也會故意給你惹麻煩，專做讓你不開心的事情。以此來報復你的敵意。

善於運用鼓勵的眼神

日本著名的教育家、兒科醫生內藤壽七郎先生在九十三歲的時候，有一次，一位年輕的媽媽帶著她兩歲的兒子前來找內藤先生看病。

這位年輕的媽媽說，孩子很喜歡喝一種外表好看的、一公升裝的牛奶，並且一口氣就能喝光。因為喝牛奶過多，孩子過敏了，皮膚刺癢導致他白天舉止焦躁不安。晚上則睡不著覺。

聽了這位媽媽的話，內藤先生脫下醫師袍，然後彎下膝蓋，跪在小男孩前面，仔細地注視著小男孩的眼睛。

「你喜歡喝牛奶嗎？」內藤先生溫和的問道。

小男孩點了點頭。

內藤先生微笑著注視著他的眼睛，問道：「如果不讓你喝你最喜歡的牛奶，你能忍得住嗎？」

小男孩顯得有些煩躁不安，他把臉轉向了一邊。

內藤先生又轉到小男孩的面前，和藹地看著他，問道：「你可以不喝牛奶的，是嗎？」

小男孩有點不耐煩，他輕輕地回答：「不能。」

但是，內藤先生並沒有就此罷休，他再一次問道：「你可以不喝牛奶的，是嗎？」內藤先生的目光中充滿了信任。

小男孩終於輕輕地點了點頭。

回到家後，小男孩竟然真的不喝牛奶了。症狀就消失了，小男孩的病症完全好了。

一年後，年輕的媽媽認為小男孩可以適當的喝點牛奶了，但是，小男孩卻堅定的對媽媽說：「如果那位醫生說可以喝，我才喝。」

於是，這位媽媽再一次帶著小男孩來找內藤先生。

這次，內藤先生依然微笑著看著小男孩，溫和地說：「現在，你可以喝牛奶了。」

小男孩這才開始喝牛奶。

內藤先生的眼睛鼓勵小男孩下定決心來控制自己的行為。

鼓勵的眼神往往讓孩子在不知不覺中接受了父母的鼓勵，同時，父母的眼神往往能夠給孩子留下深刻的印象。激勵他們不斷努力。

對於親子關係不是太融洽的家庭來說，運用鼓勵的眼神要比直接使用語言鼓勵更有效。當孩子不願意與你進行語言溝通時，你可以深情的注視著孩子，用鼓勵的眼神給孩子力量，孩子的心靈是敏感的，父母的眼神會震撼他們的幼小的心靈，激發他們改正錯誤，不斷努力。

讀懂孩子的眼神

加強與孩子的溝通，父母應該學會讀懂孩子的眼神。尤其是年幼的孩子，出於認知能力的局限與表達能力的欠缺，眼神往往是他們表達內心世界的一種重要手段。如果父母善於讀懂孩子的眼神，將會更好的與孩子進行溝通。

一般來說，孩子的眼神往往表現出他內心的思想。

當孩子低下頭，不敢正視父母的眼睛時，說明孩子意識到了自己的錯誤，正在進行自我反省。這時父母不應該嚴厲地扼評、斥責孩子，應該以說服、鼓勵為主。

當孩子故意把眼神放在別的地方，不願意父母看到自己的眼睛時，說明孩子心裡正在想什麼，不願意父母知道他的想法或者祕密。這時候，父母不要逼迫孩子，應該耐心開導，從側面入手來了解孩子的想法。

當孩子用仇恨的眼神看著你的時候，表明孩子對你的行為或者處事方式非常不滿，這是孩子的正常表現，尤其是青春期的孩子。父母不要因此而生氣，孩子只是對事不對人，只要父母以理解、寬容的態度對待孩子，孩子會明辨是非的。

當孩子走到你的面前，期盼地望著你的時候，說明孩子正需要你的幫助，這時候，你需要放下手頭的工作，關切的問孩子：「有什麼事嗎？」、「怎麼了？」以溫和的語氣引導孩子主動與你交流。

當你跟孩子說話時，孩子的眼神游離不定，說明孩子對你說話的內容不感興趣，或者孩子有自己的想法。這時，你應該調整自己的說話語氣，主動引導孩子說話。比如：「你覺得我說得對嗎？」、「你有什麼想法嗎？」

眼神是父母與孩子進行的心靈對話，父母一定要仔細的觀察孩子眼神中所表達出來的訊息，及時給孩子相應的眼神作為回報，實現真正的心

靈溝通。

用眼神教育犯錯誤的孩子

孩子經常會犯錯誤，父母總是不希望孩子犯錯，因此，對於犯了錯的孩子總是不免要斥責幾句，實際上，教育並不只是斥責，其他的方式也會起到良好的教育效果。比如在孩子犯錯的時候，如果父母能夠用寬容的眼神來「教育」孩子，相信教育的效果會更好。

一位孩子在日記中這樣寫道：

那天，我想倒點水喝，卻不小心打翻了熱水瓶。當熱水瓶掉在地上的一刹那，我的腦子一片空白。

聽到聲音，媽媽走進了廚房。

「媽媽，我……」我一下子覺得很不好意思。

媽媽看了看我，似乎在責備我不小心，但是，她卻對我說：「小心點，不要傷到手。」然後，媽媽竟然走了。

看著滿地的碎片，我默默地拿起掃把打掃，腦海裡浮現的是媽媽寬容的眼神，「不管做什麼事，一定要小心謹慎，不可粗心大意」。

教育的效果是讓孩子明白錯誤，懂得如何避免錯誤，而不是把孩子狠狠的罵一頓，讓孩子心裡不高興。用眼神批評不僅可以取得同樣的教育效果，而且可以讓孩子體會到父母的寬容，記憶深刻，並時刻激勵他不要犯同樣的錯誤。

微笑，最美麗的語言

有些成人總是冷冰冰的板著臉，不願與人交往。可有些孩子也和這些成年人一樣，別人和他說話總是愛理不理。他們不愛笑、不愛做遊戲、不讓別人碰他、不願意和同伴分享自己的玩具。這樣的孩子往往愛發脾氣、

焦躁不安，好像什麼事情都不能讓他高興起來。滿腔熱情的父母碰到這樣的冷寶寶真是束手無策。

心理學家說，孩子們不會微笑，通常是因為父母不會微笑。

在日常生活中，父母要學會用微笑和點頭鼓勵、稱讚孩子，這樣孩子就會更有信心，會把這件事情做得更好。

當然，孩子有不良行為時，父母則要搖頭表示制止，要求他不要做這種行為，但是，搖頭的時候，微笑同樣可以表達友善。

每個孩子都非常善於觀察父母的表情，他們喜歡從父母的表情中來推測父母的想法和態度。如果家長的面部放鬆而略帶微笑，孩子就會感到親切隨和而樂於接受，如果家長板著面孔，孩子就會產生一種畏懼感。所以，在孩子面前，家長務必保持自身情緒的穩定，做到情緒自控。因為你的情緒一定會影響到孩子的情緒變化和心理反應。尤其要注意，在外面有什麼不順心的事情，絕不可以回家把氣撒在孩子身上。那樣久了，孩子會形成偏執、狹隘的性格和自卑心理。

遺憾的是，許多父母總是板著臉，很少對孩子微笑，似乎孩子做的總是錯的。這就讓孩子們不願意主動與父母溝通，生怕招來父母的斥責。

因此，面對孩子的時候，不妨以欣賞的眼光看待他，多發現他身上的優點，多報以微笑，讓微笑在你與孩子之間蕩漾，化解親子之間的矛盾和衝突。

父母的表情不可因為一件事情的改變而變化，有經驗的父母即使在對待不聽話的孩子時，也不會面露怒色，仍然以一種慈祥的表情面對孩子，孩子往往會從中醒悟過來。比如，當你看到年幼的孩子在吃飯前玩泥巴的時候，千萬不要氣勢洶洶的斥責他。如果你微笑著對他搖搖頭，柔聲說：「這樣不可以，把小手洗乾淨，我們一起去吃飯！」孩子就會聽話的去吃飯。

　　通常，當一個人用微笑的眼神看著你，鼓勵你去做一件事情的時候，你總是無法抗拒這種無聲的力量。在日常生活中，父母要善於用微笑的眼神來鼓勵孩子。比如，當你發現年幼的孩子正在躍躍欲試的想爬上階梯的時候，你可以用微笑的眼神看著他，同時在安全範圍內不要去幫助孩子，讓孩子自己爬上去。當孩子爬上後，你再對孩子笑笑，孩子就會高興的笑出來，因為，他在你的微笑中讀到了鼓勵和支持。

　　面部表情是一個人內在態度的表現，面部表情放鬆，態度和藹，往往使人感覺比較容易親近，面部表情緊張，板著面孔，往往使人產生距離感，讓人很難接近。父母的面部表情是以內在態度對孩子施以「臉色」的。高興時滿面笑容，對孩子百依百順，一旦不如意就遷怒於孩子，這種做法是不好的。我們知道，面部表情放鬆，就會露出愉快的神情，會讓人感到親切，使人樂於親近；反之，鐵板著面孔，則會讓人望而生畏，敬而遠之。父母應以一種慈祥的表情來面對孩子，切記不可隨意板面孔，否則不但會影響孩子的情緒，還有損孩子的心理健康，使孩子產生不良性情。

　　當孩子發生行為錯誤、性格偏執等情況時，家長往往要對其進行嚴肅的批評，這時家長的冷面孔是必要的。這樣做所產生的威懾力，具有不可替代的特殊效應。這種冷面教育並不意味著對孩子缺乏愛和關心，而是為了達到一定的教育目的。

　　但冷面教育不可濫用。有的家長，特別是一些比較「傳統」的家長，往往對孩子要求過高，總覺得孩子不合自己的心意，擺出一副「師道尊嚴」的樣子，絕不輕易給孩子笑臉。這樣做往往事與願違。

　　高木涉是一位來自大阪的朋友，他的父親從小就對他要求過高，從來不給好臉色看，即使他得到好成績也得不到鼓勵，似乎怎麼做都不能令父親滿意，致使高木涉懷有一種負罪感，總覺得自己對不起父親，總覺得自己不行，於是感到極度的自卑、自責，認為自己永遠達不到父親的要求。

這種情緒一直伴隨他到大學，使他逐漸形成了一種偏執的性格，無論在生活中還是在學習上，都有一種挫折感，以至於想輕生。

其實家長的態度對孩子有很大的影響。如果孩子一回到家裡，面對的就是家長的數落、嘮叨和訓斥，孩子就會從根本上失去了在家庭中生活、學習的興趣。

相反，家長的微笑和欣賞往往會對孩子的努力上進產生巨大的積極影響。任何人都需要獲得別人的讚美和表揚，家長要學會誇獎孩子，任何孩子的身上，都有值得表揚的地方。很多家長有過這樣的體會，孩子給你的一句讚賞常常令你十分感動，成人尚且如此，何況是更需要得到家長的讚賞和承認的孩子呢！可以設想一下，如果你所做的事情沒有做好，或者做得不理想，這時候，別人不是訓斥、埋怨、數落，而是安慰你，讓你放寬心，同時還誇獎你的優點，並給你信心，相信你慢慢會做好，用微笑待你，你感覺如何？你肯定會倍感溫暖，並把事情做得越來越好。

孩子的心理是特別敏感的，所以，不要總為孩子發愁，特別是不要把自己的不滿寫在臉上，而要用微笑的方式與孩子溝通，改進自己教育孩子的方法，找到那種把教育當作遊戲的快樂的感覺。

家長們，你的孩子或許在等待你的微笑、你的誇獎以及你的鼓勵。你的積極性會影響孩子的積極性，而孩子的積極性則是對你微笑的最好回報。如果孩子表現不好，學習和做人方面有問題，學習興趣不高，要正確地幫助他分析原因，只要他有一點小小的進步，就是可喜的，就要肯定他。不要著急，不要目標太高，使他覺得畏懼。目標不高，容易實現，就會增強他的信心，點燃他的積極性。

最後，給所有的家長建議，讓孩子們學會微笑著對待發生的一切事情，微笑著面對生活。滿臉笑容的孩子會獲得別人的友誼、關愛和幫助，冷冰冰的孩子卻會影響他將來的生活家長們應該對孩子常做以下的事情：

一、多愛撫孩子，盡最大努力豐富孩子的情感體驗。讓孩子明白父母
　　愛他，關心他。

二、鼓勵孩子多多歡笑。

三、和孩子做遊戲，耐心培養孩子和他人的合作交往能力。

四、上述一切努力均無效，應向心理醫生請教。

撫摸，最溫柔的安慰

愛撫，這不是說要去一味遷就調皮的孩子，也不是不加思考的滿足閒得發慌的孩子的稀奇古怪的要求。縱容、姑息孩子的頑皮淘氣和刁鑽古怪的要求會把孩子引入歧途，使孩子的心變得粗魯、冷酷無情，因為淘氣，被溺愛的孩子，只能看到自己而看不到別人，他是自私自利的人，而自私自利的人的個人小天地就是他快樂的中心。而深情的愛撫孩子，則會讓孩子心理安定，精神放鬆，從而平和的對待他人。

父母可以撫摸孩子的手、腳、身體、頭部等，不同部位的撫摸往往具有不同的含義。比如，摸摸孩子腦袋，表示對孩子的讚賞和鼓勵。無論是哪個年齡段的孩子，都喜歡被父母撫摸腦袋。當孩子完成一項任務時，你可以輕輕地摸摸孩子的腦袋，說：「做得真不錯，繼續努力哦！」當孩子情緒低落的時候，摸摸孩子的腦袋則表示安慰。孩子覺得自己的情感獲得了關注，心裡會覺得比較舒坦。

輕輕地撫摸孩子的頭髮，表示對孩子的無限愛意。父母幫助孩子梳理頭髮，並自然地撫摸一下，孩子會體會到父母傳遞過來的愛意，覺得非常的愉悅。所以，對於處於困難中的孩子來說，父母可以用這種方式來表示自己的愛，並鼓勵孩子戰勝困難。父母可以定期給孩子進行全身按摩，定期的按摩可以增加親子溝通的機會，讓孩子在按摩中享受父母的關愛。

哈里・哈洛（Harry Harlow）曾做過一個著名的猴子實驗，在選擇帶有食物的金屬絲做成的手指或不帶食物的柔軟的毛巾做成的手指時，嬰兒期的猴子會挑選後者。實驗說明，對動物而言接觸愛撫比食物更重要。患有疾病的嬰兒表現出同樣的行為，雖然有所需的食物，但如果沒有情感上的愛撫和精心護理，他們的狀態還是每況愈下。其實，對於一個幼小的孩子來說，他不僅僅需要生理上的觸摸，更需要心理上的安撫，父母充滿愛意的撫摸會使孩子的心靈獲得巨大的快感。

可是，父母又應該如何來撫摸自己的孩子呢？不同的時期，撫摸的方法是不同的。

胎兒、嬰兒時期的撫摸

醫學研究表明，胎兒體內的絕大部分細胞都具有接受訊息的能力，它們能夠透過觸覺神經來感受體外的刺激，隨著胎兒的不斷增大，這種反應越來越靈敏。

可見，胎兒在媽媽的肚子裡的時候，就已經有了感覺。如果媽媽輕輕的撫摸肚子，肚子中的胎兒就能夠感受到媽媽的撫摸。這種撫摸可以刺激胎兒的觸覺，促進胎兒感覺神經及大腦的發育，同時也使胎兒有安全感，感到交流的愉悅。這就是現在非常流行的撫摸胎教。一般來說，撫摸胎教應該安排在妊娠二十周後，當胎動出現時，撫摸也可以進行了。

父母在撫摸胎兒時，要保持一種良好的心情，心裡想像著胎兒可愛的樣子，動作要溫柔，父母這種美好的想法會透過撫摸傳遞給胎兒。當然，父母要注意胎兒對撫摸的反應。如果胎兒在接受撫摸後，輕輕的用蠕動來反應，表示感到愉悅，父母可以繼續輕輕的撫摸。如果胎兒在接受撫摸後，用力蹬踢時，父母就應該停止撫摸。並且，在撫摸胎兒的時候也可與語言結合在一起，這樣不僅能夠刺激胎兒的觸覺，也能夠刺激胎兒的聽覺。

嬰兒時期的撫摸

如果孩子在嬰兒時期得到了足夠的撫摸，長大後就會處事冷靜，善於自我調適，這是因為他們的壓力荷爾蒙較少，情感比較穩定。當胎兒離開子宮來到人世後，他會感覺到不適應，缺少安全感，因此，他們經常會用啼哭來表示自己的不安。而撫摸是讓嬰兒獲得安全感的一種重要方式。

加拿大有個研究員在一個老鼠實驗中發現，出生十天內經常被母鼠舔舐的小老鼠製造的壓力荷爾蒙量只有較不受關愛的小老鼠的一半，而且製造的時間也較短。研究人員也發現老鼠應付壓力的能力，和母鼠對牠的關愛程度呈正比。

青少年時期多拍肩膀

孩子慢慢長大，父母的撫摸方式也要發生變化。父母要學會經常拍拍孩子的肩膀，以表示自己對孩子的鼓勵和肯定，同時，也表示父母放下身段，與孩子做朋友的姿態。不要小看拍肩，它能夠迅速拉近彼此之間的距離。

陳暉在她的著作《享受成長》中記錄了這樣一件事：

「兒子進入高一後，取得的成績令人刮目相看。我不禁連寫了幾篇關於兒子的文章，如《兒子，我的驕傲》、《懶惰乎，勤奮乎》，文中充滿了對兒子的理解。

『我看到你寫我的文章了。』兒子對我說。

『你是怎麼看到的？』我有點意外。

『不都在你的電腦裡嗎？』兒子說。

『哦，對了，你操作電腦可比我內行。那你覺得媽媽寫得如何？』我問。

兒子不語，笑著拍了拍我的背。

可我卻分明聽見了兒子的心聲：『媽媽，哥們兒！』受兒子舉動的感染，我也很哥們兒似的拍了拍兒子的肩膀。於是，母子倆又多了一層關係——哥們兒。」

當孩子做了讓父母感到高興的事情，或者孩子正為自己所作所為而得意的時候，父母不妨拍拍孩子的肩膀，孩子一下子就會領會父母的意思，感激父母對自己的鼓勵和讚賞。因為此時，拍肩往往可以起到「此時無聲勝有聲」的作用，能夠讓孩子的情感得到安撫。

擁抱，最深情的愛意

英國教育家赫伯特・史賓塞（Herbert Spencer）在他的著作《史賓塞的快樂教育》一書中曾經講了一個故事：

小史賓塞的到來，使我們全家沉浸在一種忙碌的幸福中。但這並沒有中斷我此前就開始的對一所孤兒院的研究。事實上，這項研究給我在兒童教育上以莫大的啟發。

這是鎮上唯一的一家孤兒院，剛開辦不久。院長很喜歡和我聊天，並歡迎我對這裡的孩子進行研究。不久前，孤兒院裡的孩子們得了一種奇怪的病。他們目光呆滯，沒有興趣到遊戲室玩，食慾不振，偶爾還發出長長的歎息。院長請來醫生，也就是鎮上的奧尼爾大夫，但奧尼爾也沒有辦法。院長自然想到了我，讓我去試一試。

我觀察了一個下午，孩子們的沉悶讓我揪心：這一群失去了父母的孩子，就像陽臺上的雛菊一樣，因為長期沒有澆水，已經慢慢枯萎了。

我決定從鎮上的學校請來一些十幾歲的小女孩和他們一起玩耍。這些女孩子的到來使孤兒院的氣氛立即改變。她們大聲的笑、鬧，把那些孤兒抱起來，親吻，擁抱，撫摸，沉悶的孤兒院就像飛進了一群漂亮的天使。

就這樣，她們每天下午都在這裡與孤兒們玩上半個多小時，週末的時間更長些。

不久，奇蹟發生了，孤兒院的孩子們活躍起來，有的還像風一樣繞著院子裡的白楊樹跑，他們眼睛發亮，食慾增加，身體狀況明顯轉好。院長後來好奇地問我：「為什麼會想到用這種方法？」我告訴他說：「你記得聖經上的一句話嗎？——一個父親追趕自己的兒子，追呀追呀，拚命的摟住浪子的脖頸親吻。」院長好像明白了，又問：「那孩子們得的是什麼病呢？」「皮膚飢餓吧，這種需求，是食物無法滿足的，需要的是愛撫、撫摸。如果孩子長期得不到這種滿足，就會發育不良，智力衰退，慢慢變得遲鈍。」

當然，我也把這個方法用在剛來到我家不久的小史賓塞身上。事實證明，如果對孩子多一些擁抱、撫摸，有時甚至是親暱的拍打幾下，孩子在對外交往以及智力、情感上都會更健康。

擁抱孩子是一種良好的親子溝通方式。孩子都喜歡被父母擁抱在懷裡，這樣可以感到無限的溫暖，感覺受到保護而有安全感。神經學家理查・賴斯蒂克指出，懷抱嬰兒是使嬰兒精神發育和社交方面發展的最重要因素。

有關研究表明，孩子在嬰兒期如果缺乏擁抱，就會養成愛哭、易生病並且情緒易煩躁等壞習慣，而在嬰兒期經常獲得擁抱的孩子，則情緒穩定，活潑開朗，人見人愛。

有一個小男孩，性子非常急，他想要什麼東西時，總是要求父母立刻給他，如果稍微晚了一會，他就會大哭大鬧，父母被他鬧得不知所措，哄也不是，罵也不是。

後來，孩子的媽媽去諮詢心理專家。專家對孩子媽媽說：「你可以試試非語言溝通。」

「什麼是非語言溝通？」男孩的媽媽有點不太理解。

「你少說話，少發脾氣。」專家接著說，「如果下次孩子再這樣的時候，

你不要在意他哭鬧，不要哄他，也不要罵他，簡單的告訴他為什麼不可以，然後繼續做你的事，等他鬧夠了，輕輕的抱抱他，什麼話也不要說。」

「這能行嗎？」孩子的媽媽疑惑地問。

「既不哄也不罵是要讓孩子明白，他的行為是錯誤的，父母不想搭理他，在孩子哭鬧完之後擁抱他，是讓他明白，只要不哭不鬧，慢慢表達才是父母能夠接受的。」專家說。

「那我回去試試吧。」

一星期後，孩子的媽媽打電話給專家說：「孩子的脾氣慢慢變好了。那天他剛吃完飯就想吃雪糕，我對他說，剛吃完飯不能吃，要一個小時後才能吃。孩子不依，就哭鬧起來。我狠下心不理他，自顧自在廚房裡收拾，這一個小時裡，孩子的哭鬧由強到弱，到後來慢慢啜泣。等他不哭鬧的時候，我走過去，輕輕的把他擁在懷裡。孩子先是一驚，然後小聲的問我，媽媽，我想吃雪糕可以嗎？我輕輕的對他說，當然可以，但是，再過十分鐘。孩子聽話的點了點頭，接下來，他便安安靜靜的等待著。」

擁抱，不僅僅是一種生理需要，更是一種情感需要。在擁抱中，孩子感受到溫暖，感受到關愛，感受到父母的鼓勵，也能感受到自己的失誤得到了諒解。因此。父母要學會用擁抱來鼓勵孩子。

在日常生活中我們，父母們每天應該給孩子三次擁抱。以穩定孩子的情緒，促進親子關係的和諧。每天早上，當孩子醒來的時候，父母可以抱抱孩子，親切的對孩子說：「親愛的，新的一天又開始了，讓媽媽抱抱吧！」「孩子，生活是多麼美好，你是多麼招人喜愛！」由擁抱而開始的新的一天，對於孩子來說充滿了愉快，即使因為趕時間而催孩子快點吃飯，孩子也會情緒穩定，不會感覺父母嫌棄他。

父母在接孩子放學回家的時候，不要拉起孩子的手就走，或者自顧自地忙自己的事，而應該抱抱孩子，然後說：「寶貝。今天又學習了一天，告

訴媽媽學了什麼呀？」「孩子，你看起來很高興，有什麼好消息要告訴我嗎？」當孩子睡覺前，父母不要只對孩子說：「趕緊上床睡覺，明天還要早起。」應該抱抱孩子，溫柔地對孩子說：「寶貝要睡覺了，讓媽媽抱抱！」這樣，孩子就能夠帶著甜甜的微笑進入夢鄉，第二天又會是愉快的一天。

對於一些年幼的小寶寶來說，如果他們需要擁抱，父母就應該隨時向他們張開臂膀，給他們溫暖的擁抱，讓孩子在父母的懷抱裡找到安全感，感受到父母的親密感，實現情感的溝通。

當孩子完成了一項任務或者做了一件好事時，父母滿意地擁抱一下，他會得到極大的滿足。當孩子遇到了挫折或者困難，父母的擁抱則會讓他增強信心，鼓勵他去克服困難。有些父母覺得擁抱過於親密，尤其是媽媽對待兒子，爸爸對待女兒的時候，往往避免擁抱，實際上，擁抱正好促進父母與孩子之間的感情。

沉默，最有力的鞭笞

沉默是金，這句話也適合家庭教育。沉默，看似一種消極的表達方式，其實不然，它是一種良好的溝通方式和教育方式，也是所有方法中家長最難理解和掌握的一種。

蘇霍姆林斯基是蘇聯著名的教育家，他在《認識自己，教育自己》一文中寫道：柯里亞坐到課桌前準備好，正當他把手伸到袖口裡，要取出答案時，他的目光突然與老師的目光相遇了，老師急忙把目光移開，他從監考人座位站起，沉默地走到窗前，柯里亞呆住了，等到他上前應考時，那位老師離開了教室，直到他答完，老師才又回到教室裡來。從那以後，柯里亞再也沒有舞弊過。遇到同學中有人偷偷提醒他時，他便總是想起老師默默地走到窗前時的情景。我們通常把這種現象叫做「柯里亞現象」。這個事

例說明了，適當地運用沉默比直接訓斥的效果更好。

很多人不知道，沉默其實是處理父母與孩子間衝突最有效的方式之一。當孩子的情緒十分激動的時候，父母千萬不要火上澆油，更不要說一些傷害孩子心靈的話，諸如：「我怎麼會生你這樣的孩子？」、「你這個豬，去死吧！」、「早知你這樣，當初真不應該生你！」

有一位媽媽又生了個小孩，可是已經四歲的大女兒卻對此非常不滿，她似乎感覺媽媽不像以前那樣愛她了。這天晚上，她看到媽媽專注的給三個月大的弟弟餵奶，並哄他入睡的時候，她生氣的對媽媽說：「媽媽，我討厭你！」說著，女兒跑進了自己的小房間。

突如其來的聲音把小兒子嚇得大哭起來。媽媽一下子手忙腳亂起來，爸爸有點生氣了，斥責女兒：「你看媽媽多累，每天要照顧你和弟弟，你怎麼可以這麼不懂事？」媽媽輕輕的拉了拉爸爸，示意他不要再說話。然後，她輕輕拍著小兒子，讓他安靜下來，並讓爸爸哄兒子入睡。媽媽來到女兒的房間外，只見女兒抱著小熊獨自哭泣。媽媽沒有說話，只是默默地坐到女兒的身邊，見女兒沒有反應，媽媽又拿來了女兒最愛吃的水蜜桃，放在女兒的面前，並微笑地看著女兒。女兒終於撲到了媽媽的懷裡，抽泣道：「媽媽！」

媽媽對她說：「寶貝，媽媽怎麼不愛你呢，弟弟還小，需要媽媽的照顧，媽媽以前也是這樣照顧你的，現在你看你長得多可愛！」女兒高興的笑了。

家庭教育中，很忌諱父母的火爆脾氣。一個聰明的父母應該努力調整自己的情緒，在面對孩子的激烈言語和行為，應該適時沉默，使孩子也冷靜下來。自己再尋找恰當的時機，與孩子談心，向他說明道理。

相反，父母的喋喋不休在教育孩子上不僅沒有太大的力度，會讓孩子產生反感。

前蘇聯紀實文學《卓婭和舒拉的故事》中描述了這樣一件事：

一天，舒拉跟別的孩子打架，把大衣全撕破了。母親看到撕破的大衣，又氣憤、又難過，但她沒有大聲地斥責孩子，而是默默地，一針一線縫補著大衣，一直做到深夜。這種長時間的沉默對舒拉來說是一種嚴厲的懲罰，使他在母親的沉默中感受到良心的譴責，用舒拉之後的話來說，「經受羞恥是一種難以忍受的、痛苦的心靈鞭笞」。舒拉起初一直羞愧的注視著母親，最後實在忍不住了，便向母親痛悔的說：「媽媽，我永遠不會再這樣了。」

著名兒童心理學家海姆·吉諾特（Haim Ginott）說過：「『道德的震動』往往比言語的懲罰更有力。」在孩子心中，他們也知道什麼事自己做得對，什麼事自己做得不對，但是為什麼當父母指出他們的錯誤時，他們會不認錯，或當時認錯了，過後又繼續犯錯呢？如果從父母這邊找原因，往往是因為父母處理問題不當 —— 當他們一看到孩子犯錯時，便不由分說地暴跳起來，不是指責，就是斥責，結果孩子反倒不願認錯了。而父母的沉默冷靜卻讓他們心靈不安，從心靈深處感覺到愧疚，感覺到再不能這樣做了。

適當地運用沉默來教育自己的孩子，起到「此時無聲勝有聲」的教育效果呢？相信一定能夠改善父母與孩子之間的關係。

通常，小孩子會有一些不良的行為，比如愛搞惡作劇、說髒話等，這實際上並不代表孩子的道德出了問題，而是孩子受到外界環境的影響，模仿他人的行為而出現的不良行為。在這種情況下，大多數父母習慣於呵斥孩子、嚴厲的批評孩子，這樣，無疑給孩子一個負面強化的訊號，孩子反而會越來越喜歡這種不良的行為。

老卡爾·威特（Karl Witte）講過這樣一件事情：

「我朋友的兒子是一個非常調皮的孩子，經常做一些令父母煩心的事情。有一天，這位朋友對我說：『我的兒子真令人討厭，他不僅喜歡嘲弄別

人，連吃麵包也與其他孩子不同。他明明知道我討厭他的某些行為，可他偏偏那麼做，好像是專門在氣我。』

那天，我和朋友正一起共進午餐。在飯桌上，我有意的觀察了一下這個調皮的孩子。我發現，這個孩子在吃麵包的時候，把面包皮細心的剝下來，然後用手把它捏成一個球形吃掉，而把剩下的部分丟在盤子裡。與此同時還得意的對他母親說：『媽媽，我把面包皮剝下來了！』他的母親看見後，便開始訓斥他：『你怎麼總是這樣，居然還當著客人的面。』這時，他的父親似乎也要發怒了。我給朋友使了一個眼色，示意他不要發怒。飯後我跟他講了一個『對付』孩子的辦法。

過了一陣子，這個孩子又故技重施，像往常那樣把面包皮剝下來後，又對母親說：『媽媽，我把面包皮剝下來了。』可是，他的母親只說了聲：『我知道。』

孩子說：『你不說我嗎？』

『不說。』

沒過多久時間，那位朋友又找上了我，說孩子現在已經沒有剝面包皮的習慣，也和其他人一樣吃麵包了。他覺得很奇怪，問我是什麼原因。」

老卡爾‧威特指出，其實這個道理很簡單，因為孩子的那種做法就是為了引起別人的注意，即使被父母斥責，他也會覺得受到了重視。在他眼裡，父母的斥責就是一種獎勵，而他的做法就是為了這種獎賞。後來，父母對他的這一舉動不聞不問，毫不關心，他自己也漸漸覺得無趣了，所以在不知不覺中改掉了壞習慣。

親子溝通的其它細節

與孩子「溝通」時，要讓孩子了解父母對自己的愛和希望，讓孩子在對

話交流中感受到被尊重。還有以下細節，需要父母注意：

一、肢體語言的接觸

一般而言，東西方的差異在於西方民族較熱情奔放，東方則較含蓄、保守，這樣的性格差異，亦顯現在育兒態度上。我們建議東方父母應適當學習西方父母，多與孩子進行肢體的接觸，如擁抱與親吻，因為某些時候情感的交流與了解，借肢體語言的傳遞，反而較言語來得深切。

二、固定的 Family time（家庭時間）

每天固定一個時間，如睡覺前的半個小時，和孩子相處，講故事、聊天、玩遊戲，任何你所想到的事情，都可以在這個時候共同實現、完成。

三、言出必行

平時父母對孩子的任何承諾都應履行。絕不可有反悔、後悔、遺忘。或是抱著「反正孩子還小，什麼都不懂」就算了的態度。如此，孩子才能確實建立對父母的信賴感，進而產生信任與默契。

五、立即給予回應

當孩子喚你時，或在你身邊打轉時，父母應立即給予回應或親切詢問他是否有事要告訴你；或許孩子只是感到寂寞，想得到你的一個關懷的擁抱罷了！

父母的權力一向較大，常因擔心孩子小不懂事而擅為其決定大小諸事，其實此舉只會減少孩子學習自主及獨立的機會。建議父母從孩子小的時候便養成習慣，不論家中任何決策或與他有關的事宜，皆事先與之討論或告之原因。

六、父母和諧

父母之間感情是否和諧，絕對影響育兒方法的成效與否，如果彼此老是「短兵相接」「兵戎相見」，成天只顧著唇槍舌劍，那麼只會使你的孩子變得沉默寡言而自閉了。

七、常說：「我愛你！」

父母要記得常對孩子說：「我愛你！」千萬別覺得肉麻而不願說。當你心中有所感，便要說出讓他知道，同時也教導孩子適時地表現自己的感受，所以千萬不要吝嗇說 .「我愛你！」

八、同甘共苦

人與人能夠同甘共苦是一種優秀的品德，在家庭中反映尤其強烈。人們都知道，「同甘」容易「共苦」難。在人們普遍重視物質利益的今天，「同甘」也變得不那麼容易了。有的家庭錢多了，條件好了，於是有的成員「節外生枝」，把共同創業的艱難忘得一乾二淨，重又把「甘」變成「苦」──精神上的苦。此種現象屢見不鮮。說到底就是素養不高，眼光短淺所致。

家境寒苦，最能考驗人。許多家庭經濟不富裕，甚至相當清苦，但是家人之間患難與共，照樣營造出溫馨和睦的氛圍。

如果不能同甘共苦，父母只知道一味的追求物質享受，那麼孩子也就不會尊重父母。

九、考慮周詳後再說

要針對問題，不要對孩子進行人身攻擊，更不要把過去的錯誤和現在的錯誤糾纏在一起。不然，就只會引起他們的反感，甚至拒絕交談。

十、盡快消除怒氣

父母難免會發怒。發怒是一種情緒失去控制的表現，在怒氣中解決問題往往容易犯錯。事後，一旦發覺到自己不對，就要有勇氣承認錯誤。這樣，父母的心和孩子的心才能溝通。

十一、用愛心說誠實話

父母和青少年孩子之間既要坦誠地說出自己的感受，又要用愛心說誠實話。父母應該對孩子有更深一層的關懷，不但要有完全的真誠，還要有完全的感受。

十二、避免爭吵

父母在處理孩子的事上要保持冷靜，並且盡可能做到理智、公正，這樣對於密切關係、避免爭吵是很有效的。

十三、要強調積極面

父母只談孩子的缺點和過失，甚至誇大孩子的缺點和過失，這樣做，只會使關係惡化。不如記著孩子的優點和長處，並欣賞和鼓勵之，這樣才有助於親子關係健康地發展。

第六章　提高孩子的溝通素養

健康的心理是溝通的基礎

一個孩子的溝通能力的高低，通常和他的心理有一定的關係。具有健康、陽光心理的孩子，一般都可以與周圍的人進行良好的溝通。那麼，心理健康的孩子除了具有正常的行為符合年齡特徵以外，還具有什麼心理特徵呢？

首先，能夠協調和控制情緒，能經常保持開朗和樂觀的心境，善於發現生活樂趣，對生活充滿希望，即使出現消極情緒，也能自己化解。

其次，具有較強的意志力，生活目標明確，行動自覺性高，抗挫折能力強，自我控制力強。

最後，人際關係和睦，待人熱情、誠懇，富有同情心，樂於與他人交往，與人為善，寬以待人，與他人友好相處。

不同的學者也為心理健康定了不同的標準。美國著名心理學家奧爾波特（Gordon Willard Allport）認為心理健康標準是：

（一）力爭自我成長；

（二）能客觀地看待自己；

（三）人生觀的統一；

（四）有與他人建立親密關係的能力；

（五）具有人生成長所需要的能力、知識與技能；

（六）具有同情心，對生命充滿愛。

著名的心理學家馬斯洛（Abraham Maslow）也提出了十條心理健康的標準：

（一）充分的安全感；

（二）充分了解自己的能力並能作適當的評估；

（三）生活目標切合實際；

（四）與現實環境能保持接觸；

（五）能保持人格的完整與和諧；

（六）具有從經驗中學習的能力；

（七）能保持良好的人際關係；

（八）適度的情緒表達及控制；

（九）在不違背團體要求前提下，能適當滿足個人的基本需求；

（十）在不違背社會規範前提下，能適當滿足個人的基本需求。

目前，中國的心理學專家也對健康的心理標準做了界定。通常認為，健康的心理標準包括一下七個方面：

（一）智力正常；

（二）情緒健康；

（三）意志堅強；

（四）行為協調；

（五）人格健全；

（六）人際關係和諧；

（七）能積極的適應和改造現實環境。

好個性才好溝通

良好的個性和優秀的智力、品性和身體一起，構成了少年孩子成才的重要基礎。一般情況下，對個性的分類包括：內向與外向、情緒型與智力型、衝動型與被動型、穩定型與不穩定型來進行的。通常，孩子太外向，就不容易管教，也不太懂禮貌；孩子太內向，做事不大方，又容易受人欺負。理想的狀態當然是培養一個集優良個性於一身的好孩子：既不太外向，又不太內向；既不怯懦，又不過分爭強好勝；既不自卑，又不盛氣凌人。

　　但是，良好的個性是什麼、優良的個性如何培養，目前心理學家對此並沒有形成統一的認知，心理學中對個性的理解也從來不是以「個性是……」方式來展開的。此外，對個性的形成過程，目前也有精神分析學派、社會學習理論和自我實現理論等多種解釋。這就決定了個性的培養不存在什麼普世的經驗、甚至缺乏有針對性的實踐方法。不過，在長期的研究和實踐當中，心理學家和教育學家還是總結出了許多有用的方法或原則。

一、個性形成的良好起點

　　稍加留心的父母都會注意到，很小的孩子就會表示同情。比如，如果別的小孩哭了或不高興了，孩子有時會把自己的玩具或食物遞過去，以示安慰。心理學家認為，同情心是人性發展的最初起點，是其他情緒如羞恥、內疚和驕傲產生的基礎。沒有最初的同情心，就不會有從承擔家務到為國捐軀的所有行為。所以，培養良好個性首先要從愛護孩子的同情心入手。比如，當孩子將自己的玩具、食物送給別人時，不要批評，甚至不要有不高興的暗示。

　　但光有同情心還是不夠的。良好個性還需要另一塊基石：自律。自律，即對自我的約束，是由自尊、自控、社交能力和責任感等心理特徵綜合而成的一種心理特質。

　　我們都知道，小孩子很任性，不會約束自己。那麼，自律感又是從哪裡來的呢？心理學研究發現，父母的教養風格與孩子的自律能力的形成和發展有很大的關係。比如，接受、熱情、堅持原則和規矩以及支持孩子的獨立活動的教養風格容易培養出健康的個性，而「對孩子控制很嚴的父母更看重服從而非獨立性。他們更可能要求孩子不要質問大人，孩子的觀點無關緊要，因為他們還是小孩，等等。在這類家庭中，表現獨立性會引起皺眉，並被等同於不尊敬長者」。

二、模仿與榜樣的力量

榜樣的力量很強大，尚沒有分析能力的小孩子通常會參考別人處理問題的方式來處理問題。我們回憶自己的成長往事我們會發現：當一群小孩遊戲時，如果一個孩子帶頭往湖裡扔石塊，其他孩子很可能都爭著來擲石塊；當帶頭的孩子說他不跟某個孩子一起玩時，他的眾多追隨者也可能都做出同樣的表示。

不論是專家還是普通父母，大家都對榜樣或模仿在孩子發展中的重要作用印象深刻。因此，才有「近朱者赤，近墨者黑」的至理名言，才有父母對孩子所上學校的風氣和所交往朋友的關注。但是，光知曉榜樣或同伴有影響作用是不夠的，我們還要了解到榜樣作用的時代特點：在西方，「當今父母所遇到的課題是，在與教學、學校和四鄰的傳統聯繫大為破壞的日益複雜和倫理混亂的世界中，如何培養出健康的孩子」。在中國，隨著經濟、社會和文化生活的急劇變革，孩子在選擇其學習榜樣，心中偶像和想成為什麼樣的人方面也遇到前所未有的挑戰。比如說，十多年前，孩子心目中的理想人物和英雄大多是科學家、軍人和大學生等，而當今他們可能崇拜的是歌星、富商、高官。當少年孩子的學習榜樣發生變化之時，家長應該意識到其對孩子個性成長的影響。

三、內因是變化的動力

孩子不聽話或做錯了事，打他一頓雖不太常見，但說他幾句或罵他一頓卻還是普遍的現象。一般說來，處罰或責備至少可以起到兩個作用：一是制止錯誤的繼續存在或再次發生；二是為了增強孩子的自我約束能力。這是因為不論歐美或亞洲國家，大家都相信「外因是變化的條件，內因是變化的動力」。

但這又涉及另一個問題，即我們想調動孩子內部的哪種動力？更明確

地說，我們是要透過批評或懲罰引起孩子的羞愧、內疚或恐懼感，還是應該透過讚賞、鼓勵和支持引起孩子心中的積極因素，如興趣、熱情和上進心等？對於這個問題，稍微介紹一點孩子教育史，就會使大家處理起來更有分寸。

在佛洛伊德（Sigmund Freud）之前，孩子是被當成小大人來看待的。因此，對其施以斥責、羞辱和體罰在當時都是比較普遍的現象。當心理分析派的理論傳播開來之後，人們普遍認為由懲罰和斥責等所帶來的羞愧、內疚和焦慮感不但不會促進孩子的發展，反而會導致將來的精神和人格障礙。再加上後來人權運動、民主運動、自尊運動和孩子中心主義的推動，消極教育手段和方式幾乎在西方被完全廢止。例如：母親發現其六歲的兒子從幼稚園偷回了別的小朋友的玩具。母親去幼稚園找老師，希望共同找出辦法以幫助孩子了解到偷別人的東西是不對的。而老師聽完母親的陳述後說：「對不起，夫人，在幼稚園我們不用「偷」這個詞，我們稱其為『不合作行為』。」

但是，根據最新的研究成果，心理學家已不再相信羞愧和負罪感會導致心理疾病。心理學家甚至認為，如果沒有這些基本的情緒反應，孩子的個性就不能得到正常的發展。但大多數專家仍認為，公開羞辱、斥責或懲罰所引起的是丟臉和氣憤，而不是積極、建設性的態度。因此，無論教師還是家長，都應盡量尋找更溫和、更中性的辦法來糾正孩子的不當行為。

四、習慣決定個性

當你走進兒子凌亂的臥室的時候，一方面你為總替他收拾房間而滿腹牢騷，另一方面你又擔心：這麼亂的屋子是否說明他的個性有某些問題。對此，你的伴侶總是開導你說：「這是小問題，只要他成績好就行。」你是不是也附和了伴侶的想法呢？

對於習慣和個性之間的關係，專家們尚未形成一致的看法。有些專家認為，良好的秩序和生活規律是良好個性的基礎和標誌，應該作為個性培養的重要內容之一；也有些專家認為，習慣與個性之間的關係是間接的，只具有審美意義。比如說，成人之間在習慣上的差別就很大：有的從不收拾房間，有的總是要求一切整潔。但兩者在成就上卻難分伯仲。

在家庭教育過程中，家長要看重良好習慣的養成，尤其是要守秩序、有紀律、信守諾言和不撒謊等，並透過校規、校風、傳統教育、競技活動和各種獎勵手段加以強化。也有些家長不太重視這些「硬性的」行為表現，而更重視學習成績、自尊心、學習興趣與生活熱情的提高和發展。很難說這兩種做法孰優孰劣，主要是要根據環境要求、家庭的實際情況去做。但關鍵是，各方面對孩子的要求要統一和一致，盡量避免和減少相互矛盾、彼此不協調。

提高語言溝通能力

語言表達能力，是人與人溝通的基礎。父母要想提高孩子的語言表達技巧，提高他的溝通能力。

如果你聽到我們的建議「多和你的孩子交談」，你的反應大概和大多數的父母一樣 —— 「哦，但是我們已經這樣做了。」這很好！但還是讓我們來聽聽專家在交談的次數及時間、交談的方式和語調等方面的建議。我們會給你提供一些具體的方法來幫助你的孩子提高語言能力。

大部分的父母認為他們和孩子溝通的次數已經很多了，但事實上還有更多的機會可以用來增加你和孩子的溝通次數。貝蒂・哈特（Betty Hart）和托德・瑞斯利（Todd Risley）發現，每天和孩子多交談幾分鐘，長久下來會大大提高孩子的語言能力。

在一個擁有大量語言交流的家庭裡，嬰兒到十二個月時就能接觸到一千三百萬個詞彙。當然，這些詞彙絕大多數是重複的，其中很多是大人們之間的語言交流，並非是針對兒童的，但這並不妨礙他接收這些詞彙資訊。

在一個不經常進行語言交流的家庭裡，嬰兒到一周歲時只能接觸到大致八百萬甚至更少的詞彙量資訊。

不僅和孩子直接交談的數量在孩子語言能力的發育上起了關鍵作用，和孩子直接交談的品質也如此。為了提高和孩子交流的品質，你可以考慮一下以下所提到的成功祕訣。

良好的口頭交際能力的重要標誌之一就是與孩子間建立起一種積極的互動關係。當孩子發出口頭、面部和姿態方面的訊號時，積極的反應方式要比科學家們所謂的「偶發式」反應要好。起初，孩子發出各種訊號，以表明他們開始理解語言，包括理解你說話的節奏以及你跟他說話時的面部表情。當人們對嬰兒講話時，他們會「端詳」說話者的臉龐，並會利用從中獲得的資訊來估量他所處的環境。

正是由於偶發式反應的不足，使得電視和錄音帶對孩子腦的刺激效果比起父母和照顧者的刺激效果要差得多。電視上說話者的特寫影像生動性極差。實際上，以遊戲和其他辦法作為非語言刺激的形式比讓孩子坐在電視機前效果更好。

儘管不知其名，但幾乎所有的父母都很熟悉「父母愛語」，也叫「父母詩文」或「口頭韻文」，這是一種語速緩慢、語音優美清脆而又抑揚頓挫的言語形式，它是父母同孩子講話時用的，這種言語形式幾乎遍及全球，各種文化類型中都能聽到它。不過，它不僅僅是一種親切的話音，有證據表明這種富有音樂感的韻文形式有助於嬰兒獲得語言能力，這種優美動聽的言語在音高、音長和停頓方面富於變化，有助於孩子梳理他聽到的話語，

區分詞語的起始點，並能幫助他集中情感和注意力。

換句話說，「父母詩文」不僅是用來撫慰和取悅孩子的，它使孩子有效地作好了學習語言的準備。透過與孩子溝通並運用父母詩文的表達方式幫助孩子提高語言表達能力，不僅使溝通切實有效，還會使孩子更聰明，這對孩子的成長是十分有利的。

鼓勵真實表達自己

一位媽媽帶著兒子去買菜，回家後兒子興奮地對媽媽說：「媽媽，你看這是什麼？」說完，他像變魔術似的，從褲兜裡掏出一顆馬鈴薯。媽媽問他這是怎麼回事，他說是在路上撿的，媽媽覺得這事有些蹊蹺，就追問了幾句。最後，兒子說當時有很多人在挑馬鈴薯，由於人多，賣馬鈴薯的攤主也沒有看見，他就偷偷地拿了一個。

兒子本以為會受到表揚，沒想到媽媽的臉色卻嚴肅起來。媽媽對兒子說：「農民伯伯賺錢很辛苦，你怎麼能偷他的馬鈴薯呢？我們做個誠實的好孩子，把馬鈴薯還給爺爺。」兒子不高興的說：「媽媽，我可不去，反正他也不知道。」看兒子不依不饒的樣子，媽媽就講起那個家喻戶曉的《狼來了》的故事。聽完故事後，兒子若有所思的說：「媽媽，我們走吧！我要做個誠實的孩子，但這件事情你千萬別告訴我朋友。」媽媽欣然點頭。見到攤主後，兒子像個害羞的女孩似地拿著馬鈴薯對攤主說：「爺爺，對不起，剛才趁你不注意多拿了一個馬鈴薯，還給你。」

每個人的一生中都會有說謊話的經歷，日常生活中，我們也常可以看到有些孩子說假話，究其原因，主要有：

一是孩子年紀小，心理正在發育中，記憶力和理解力還未成熟，知識經驗貧乏，有時容易記錯問題，有時對成人提的問題不理解，這樣就會產

生答非所問或完全答錯、說錯的情況。

二是孩子的行為很多都是從成人或別人那裡學來的，有時分不清是非，別人怎麼說，自己也這麼說，別人怎麼做，自己也跟著這麼做，結果有時說了不真實的話，做了不該做的事。

三是孩子的注意力不夠集中，有時厭煩成人的囉唆，隨便地應付幾句，結果把話說得不真實了。

四是孩子做了錯事，而且也承認了錯誤，父母卻不分青紅皂白打一頓，結果使孩子怕把做錯的事告訴成人或者完全不承認做錯的事，造成說謊騙人的後果。

分析孩子說假話的原因，前面三種情況都是由於孩子的生理、心理發展特點所造成的，不應該認為他們在說謊騙人，也不應該受到指責，而應該積極的解釋引導，使其認識到自己心理上的不成熟或缺陷而加以克服。而後一種情況則是因父母處理不當沒有正確的教育和引導孩子所造成的，應該引以為戒，改變教育方法。

培養孩子誠實、說真話，和孩子溝通的時候要從如下幾方面著手：

一、向孩子說清楚說謊的壞處

人們處理問題的科學態度是實事求是，誠實的人就是實事求是的人；而說謊者由於不實事求是，弄虛作假，結果總是以害人開始，以害己告終。有個叫《狼來了》的故事說的是一個牧羊人以「狼來了！」的呼聲叫群眾幫他趕狼以保護羊群，有一次，放羊的地方並沒有狼來，他卻大呼「狼來了」以此來騙群眾上山，自己則坐在那裡大笑群眾受騙上當的狼狽樣。然而，當真的狼來吃羊時，他的「狼來了」的呼聲再也沒有人聽了，結果成群羊被狼叼走了，損失慘重。類似這樣的童話故事，有很好的教育作用。

二、父母應做孩子仿效的模範

有些孩子說謊話常常是由於父母的影響造成的。有這樣一件事：父親因倦正想睡覺，孩子告訴父親，門外有人敲門叫找他，而父親卻叫孩子說謊，說父親不在家把客人騙走。這樣做父親的雖然達到目的，但孩子卻從這裡學到騙人。可見，父母、師長的錯誤行為時刻影響著孩子，必須特別注意。

一個作家在他的文章中感歎：「一個孩子問我：為什麼大人常常教我說假話？問得我心驚。那孩子還告訴我，有時候他說了真話反而受懲罰，說了假話卻受到獎賞。」作家說他無法忘記孩子「迷惘」的眼神。

三、積極鼓勵孩子改正錯誤

不管孩子做了多大的錯事，只要敢於承認並決心改正，父母都要加以表揚鼓勵。

至於孩子做錯事後說了謊話，則要具體分析原因，具體加以處理，不可一概而論，特別不要打罵孩子，因為孩子做錯事，一般都持有良好的動機，只是由於體力、方法或其他方面的原因而把事情搞砸了，這不應該受到批評指責，而應該在表揚鼓勵他們做好事的同時，引導他們怎樣做才不致出錯，以保持他們的積極性，並使他們在以後出錯時不會怕挨打罵而說謊。

四、透過小事實踐誠實

指導孩子處理問題。從小事開始，嚴格遵循實事求是、老老實實的原則，絕對摒棄花言巧語、弄虛作假的作風。還可以專門設計一些考驗孩子的情境，讓孩子做一些易於出錯的行為，在實際中考驗和鍛鍊他們做錯的壞處。

訓練幽默感

　　幽默感是「情商」的重要組成部分之一。具有幽默感的孩子通常很樂觀、開朗活潑，能在生活中不斷的製造歡笑，讓周圍的人感到輕鬆愉快，自己也會富有成就感和自信，也往往討老師的喜歡，人際關係也比不具幽默感的孩子好得多。

　　可是，同一父母所生的兒女，為什麼有的小孩比較愛笑？有的小孩則喜歡皺眉頭？笑眯眯、愛笑的小孩，誰不喜歡？誰不樂意與笑口常開的小孩親近呢？

　　專家解釋，所謂的幽默感就是透過語言或肢體語言的表達方式，讓與自己互動的對象感到愉快的言語或舉止。有這種言行舉止的人，我們稱為具有幽默感的人。

　　美國是一個崇尚幽默的民族。美國人不僅把幽默看作一種可愛的性格，而且視其為可貴的特質。因此在許多美國父母看來，培養孩子的幽默感也是素養教育的重點。

　　根據美國專家從事的專題研究，幽默感是情商的重要組成部分。而人的幽默感大約三成是天生的，其餘七成則須靠後天培養。因而在兒童教育專家的宣導下，許多父母甚至在嬰兒剛出生六周便開始對其進行獨特的早期幽默感訓練。實際，不少較聰明的嬰兒這時確已萌發幽默意識。

　　研究發現，幽默感從出生後第一個月便開始了，如：小嬰兒在父母的逗弄下，便會呵呵地笑個不停；而一歲左右的孩子，會因為玩捉迷藏而狂笑不已。孩子幽默感的發展與下面幾個因素有關：

　　一、　**語言認知能力**：孩子的認知與語言能力發展到某個程度後，幽默感即形成。當他聽到或看到某件有趣的事時，經過判斷後，就會發出哈哈的笑聲。孩子的幽默感與成人的幽默感是不同的。

二、 **父母的關懷**：在三歲前得到父母疼愛與照顧的幼兒，會表現出比較好的幽默感。因此，要使孩子成為一個具有幽默感的人，父母應多給予孩子愛與關懷。

三、 **愉快的學習氣氛**：在孩子成長學習的過程中，若總是處於一個輕鬆、愉快的學習氣氛，會使孩子體驗到快樂，並促使他以快樂的心情來看待周圍的人或事物，有利於幽默感的形成。

對此，美國家庭中根據不同年齡段開展不同的幽默感教育：

一周歲左右的孩子對他人的臉部表情已十分敏感。在其學步摔倒時，美國的父母們大多是對他做個鬼臉以表示安撫。幽默的力量是無窮的，此時他往往會被大人扮的鬼臉逗得破涕為笑。不僅如此，父母還鼓勵孩子們模仿做鬼臉，做得愈怪異愈能得到讚賞。

兩周歲時的幼兒已能從身體或物品的不和諧性中發現幽默。如，大人把襪子戴在自己的手上，臉上則露出難受的表情。在美國，若孩子這時也學著把手套穿在腳上，父母不僅不會指責孩子，相反跟孩子一起哈哈大笑。

三歲幼兒的智力，已發展到能了解概念不和諧中潛藏的幽默。當爸爸故意手拎媽媽小巧的女式皮包，或媽媽故意戴上爸爸粗大的男式手錶時，孩子見了即會一邊搖頭一邊大笑不止。美國的父母往往默許孩子裝模作樣的戴上爺爺的大禮帽，手持拐杖，行步蹣跚，從模仿中體味幽默的快樂。

四歲左右的幼兒特別喜歡扮家家酒，或扮演卡通人物。當美國人發現自己的兒子與鄰家小女孩正在十分投入的扮演王子和公主時，不僅不阻攔，自己還可能客串壞蛋之類的小角色，添油加醋的讓氣氛更為生動、活潑。

五至六歲時，對語言中的幽默十分敏感。這時，美國父母會利用同音異義詞和雙關語的巧用及繞口令等的學習，增強孩子的幽默感。

七歲的孩子大多已上學。他們往往喜歡講笑話、聽笑話。有些笑話雖

不夠高雅，但大人們一般不去粗暴的批評乃至責備。他們認為，此時的孩子，尤其是那些淘氣的男孩，往往會透過笑話或惡作劇來平衡或調節自己的心態。儘管其中的幽默可能讓大人們不快甚至難堪，但大人理應包容。原因很簡單：這是孩子成長過程的一部分！此時若大人能正確引導，讓孩子們知道什麼是低俗，什麼是幽默，才是明智之舉。

八歲以後的孩子已初具幽默感。美國的父母常常傾聽孩子們講述有關學校生活的小笑話，並發出會心的歡笑，對孩子的幽默感做出肯定的表示。此外，大人們還常常引導孩子們編幽默故事，改編電影、電視劇的情節或加添令人捧腹的結局。當孩子進入小學高年級時，學校常常會舉辦有關幽默故事寫作或講述的比賽。對於這類能起到增強孩子幽默感的活動，父母們大多予以無保留的支持。

人與生俱來就有幽默感，如果父母能好好鼓勵並加以培養，讓孩子成為一個幽默的人不是一件難事。那麼該如何培養孩子的幽默感呢？以下提供一些方法，可供父母參考：

營造氣氛：當孩子哭鬧時，父母若懂得在一旁營造氣氛，抱抱他、拍一拍他、安撫他：「怎麼了，媽媽的小寶貝，為什麼哭得跟小花貓一樣？有什麼事媽媽可以幫你的忙嗎？」溫柔、幽默的表達方式，有助於孩子忘記哭泣，破涕為笑。因此，當孩子說出一些好笑的笑話和語言，或是表現出一些有趣的動作時，別忘了給他一些掌聲和鼓勵，建立他的自信心。讓自己和孩子輕鬆一下

除此之外，專家也提醒父母，在引導孩子具有幽默感特質時，應注意一些事項：

一、 幽默感的語言以不傷害他人為原則。

二、 幽默感的語言要注意人際間的禮貌。

三、 幽默感的動作以不涉及危險動作為原則。

四、與孩子說笑話或表演滑稽的動作時，要考慮孩子的年紀。

因為大人認為好笑的語言或動作，孩子不見得有同感。但孩子認為好笑的語言或動作，大人要陪孩子一起笑（雖然從大人的角度來看也不見得好笑）。

五、 孩子最快樂的莫過於做自己喜歡的事情。

即使孩子不能完成，大人也不可操之過急，應耐心地等待、引導，並適時給予協助。

總之，充滿幽默感的語言和事物能讓孩子的眼睛亮起來，無形中也刺激了孩子的思考和語言能力。當你對孩子說：再不收拾玩具，以後就不給你買玩具了。其實不妨加一點幽默調味料，如玩具們玩了一天都累了，要回家休息了，不然他們要哭了。讓自己和孩子在有目的語言和氣氛中輕鬆一下。給孩子足夠的空間，讓他們尋找自己的生活樂趣。

孩子的幽默性格一旦形成，對其一生都將產生重要的影響。具有幽默感的孩子大多開朗活潑，往往更討老師的喜歡，人際關係也比不具幽默感的孩子好得多。幽默還能幫助孩子更好的應對生活和學習中的壓力和痛苦，因而幽默的孩子往往比較快活、聰明，能較輕鬆的完成學業，甚至擁有一個樂天、愉悅的人生。

讓孩子不對父母的依附

橫濱大學社會學專家吉野力男教授在接受記者採訪時分析說：「『啃老族』中絕大部分是最初的幾代獨生子女，從小受到父母的百般呵護，從來沒有受過任何委屈，適應社會的能力較差。受傳統觀念影響，父母對孩子的期望，在社會化過程中產生了偏差，大多數父母在撫養孩子的過程中，更關心孩子生理性健康，比如衣著是不是避寒保暖，膳食是不是營養可口，

而忽略了孩子人格是否成熟等精神性健康，不注重孩子的獨立性、自我奮鬥、家庭責任觀的培養。也正是這種根深蒂固的傳統觀念，造就了孩子『在父母面前永遠是孩子』的性格依附心理，使得孩子從精神上無法『斷奶』、經濟上難以獨立。」

在美國的教育理念中，提倡在逆境中培養孩子的抗挫折能力，塑造孩子的獨立性。在美國，幾個月的孩子就要獨自喝水喝奶，一歲多的孩子基本是自己吃飯，兩到三歲便已獨居一室。在大街上很少能看到抱著孩子的美國人，他們主張孩子要儘早地獨立行走。如果孩子不小心摔倒了，他的母親竟然會一聲不吭地等在那裡，而孩子也習以為常的、一聲不響的爬起來繼續趕路。

美國的父母主張教孩子從小就做家務，並把每週要做的家務勞動內容張貼出來。他們也常將某一特定任務指定孩子去做，規定其完成任務的期限；輪換著做各種家務事，目的是讓每個孩子都有機會去做沒有興趣或最容易做的工作；按時檢查孩子完成工作的情況，使孩子因自己的勞動得到肯定而產生完成任務的成就感。

在美國，即使是家裡很富有的大學生，也不願伸手向他們的父母要錢，而是堅持一邊上學，一邊「短期打工」。因為他們覺得去勞動賺錢並不丟人，總比完全依賴父母供養要好。一位十八歲時就被父親鼓勵離家「出走」的女大學生說，她父親的觀點是：「對一個年輕人來說，最重要的事情有兩件：一是受教育；二是要有獨立性。」

美國人在家庭教育中，對孩子的鼓勵多於保護，對孩子引導多於灌輸。他們要求孩子全面發展，而不是拘泥於書本上的知識。另外，家長語言的作用也是美國父母在教育子女過程中極其注重的環節，他們從不使用刺激、嘲諷甚至侮辱、謾罵的語言，多以安慰、理解、鼓勵的話語對待孩子。

日本也很重視孩子的自立、自信教育。乘火車、輪船旅遊時，常常發現跟隨父母旅遊的日本孩子不論年齡大小，每個人身上都無一例外的揹著一個小小背包。背包裡裝的都是些他們自己的生活用品。為什麼要他們自己揹呢？日本孩子的父母說：「這是他們自己的東西，應該由他們自己來揹。」哪怕是象徵性的，這對於養成孩子自理、自立、自主的意識和能力，是非常有好處的。

日本教育孩子的名言是：「除了陽光和空氣是大自然賜予的，其他一切都要透過勞動獲得。」許多日本學生在課餘時間，都在校外打工。日本教育學家認為，在家庭教育中，學生做家務事是學生應盡的義務，如果孩子做家事要付錢的話，這就是對家庭關係的扭曲，有的家長因孩子成績好而給錢，這無疑是一種賄賂。日本的家長認為在物質條件過分優越的環境中長大的孩子大多缺乏毅力。因此，他們從小就有意識的鍛鍊孩子的獨立性，減少孩子對父母的依附。

讓孩子有自己的圈子

很多父母都會遇到這種情況：孩子的同學來找他玩，家長也不管孩子是願意還是不願意，就不假思索地代他說：「他要看書，他不去。」久而久之，這些孩子便淡出了同學或朋友的圈子，變得孤立和內向。當小朋友玩耍的時候，他只是默默的呆在一旁，當其他人興高采烈的談論著一些話題，他不參加也不發表意見。他們慢慢習慣於自己獨立的圈子，他們不知道該怎麼樣和別人相處，成為一個交際的失敗者。所以，作為父母一定要讓孩子學會正確處理人際關係，這關係到孩子將來的事業和生活。

教會孩子學會正確處理人際關係，首先要讓孩子學會和別人交往並友好的相處，有效的溝通在這裡起著不容忽視的作用。

　　每一個人都出生在屬於自己的國家、民族和社會的家庭裡，他是屬於這一環境的個體。每一個個體，從嬰兒時起就不斷地與他的父母、同伴以及其他人進行交往。作為父母，應該讓孩子逐漸懂得人與人之間的相互依存關係，並學會自己處理一些簡單的人與人之間的問題。

　　孩子之間的經驗與能力相似，興趣與感情相通，彼此完全處於平等、獨立的地位，他們既互相吸引與模仿，又彼此競爭與對抗。父母應該「開放門戶」，讓左鄰右舍、親戚朋友的孩子之間建立「外交關係」，經常往來友好相處。

　　例如，邀請鄰居家的小朋友到家中做客。父母可事先鼓勵孩子思考如何做「小主人」，讓他們想想，客人來後拿什麼玩具和他一起玩，拿什麼食品招待等。再如，當孩子看到別的小朋友玩遊戲，自己也想加入，但不知道該怎麼辦時，父母應該鼓勵孩子自己去交涉，並教給他們一些方法。

　　一位著名的教育學家曾講過一個故事：一位媽媽帶兒子去散步，兒子看到一群小朋友在玩球，非常想加入，就拽拽媽媽的衣角，想讓媽媽幫助說情，但媽媽沒有直接去幫他說，而是鼓勵他自己去協商。兒子膽怯的走近小朋友，輕聲地表達了自己的意思，但小朋友玩得正高興，誰都沒注意到他。兒子趕緊跑到媽媽身邊，再次請求媽媽的援助。媽媽笑著對他說：「這次你聲音大一點對小朋友說，你想跟他們一起玩球。」兒子又一次鼓足勇氣大聲說出了自己的想法。但小朋友看看他，可能覺得他太小，並沒有讓他加入的意思。兒子很失望的回到媽媽身邊，這時，球滾了過來，媽媽看了看兒子又看了看球，兒子似乎領悟到了什麼，抱起地上的球給小朋友送了過去，也因此得到了認可，加入了玩球的行列。這樣的同伴群體交往，豐富了孩子的經驗，培養了他們的交往能力，引導孩子注意他人的情感變化，學會關心與理解他人的感情，激發孩子與他人分享快樂和解除別人痛苦的願望。

父母還應該重視培養孩子與其他人相處的能力。例如，可以引導孩子參與公益性的社會活動、福利事業的活動等，增進他們與老年人、殘疾人和其他地區的人們的交往，關心他人的生活，使得孩子從小就具有平等合作的思想與人道主義的精神。父母可引導孩子關注這類「愛」的事業，並與孩子一起透過省下自己的零用錢，為有困難的小朋友獻上一份愛心，從而懂得什麼叫助人為樂。所有此類的活動，不僅能開闊孩子的視野，而且有利於開闊孩子的胸懷。

提高孩子交際能力的途徑

人生和事業的發展中，個人的交際能力起著非常重要的作用。卡耐基（Dale Carnegie）曾說過：「一個成功的管理者，專業知識所起的作用是百分之十五，而交際能力卻占百分之八十五。」交際作為一種能力，也是可以培養的，父母要樹立從小就培養孩子交際能力的意識。那麼作為父母，應該怎麼培養孩子呢？

一、在運動中提高

體育是一種直接與人正面接觸和競爭的群體活動。不論是棋類還是球類，它總是要有兩個以上的人參與才有意義。更重要的是，體育活動不但需要智慧和力量，而且需要膽量。這膽量，正是人際交往所必需的一種要素。鼓勵孩子經常參加各種體育活動，既有利於提高孩子的體適能，有利於培養興趣，也有利於提高交際能力。孩子一旦愛上體育，就會主動尋找對手，這種尋找，就是交際；合適的對手，往往就是友誼的夥伴。

二、在旅遊中提高

利用假日與孩子一起走出家門、走向社會、走向大自然，可以增長見

識，陶冶性情，也可以培養興趣、開放胸襟。旅遊是開放性活動，交際也是開放性的，兩者是相通的。

交際需要袒露自己，需要主動和熱情，一個沉默寡言、性格內向，不愛活動、自我封閉的人，怎麼會有很強的交際能力呢？在旅遊中，有時要買車票、住旅館、進飯店、購門票，假如父母有意識地要孩子去做這些事，那麼，孩子就可以直接接觸到一些新的對象，了解新的交際內容，旅遊結束，見識廣了、話題多了，這又給以後的交際增加了話題。

三、在購物中提高

可以根據孩子的年齡大小，有意識的要他們進行小件物品的購買活動。年齡較小的，八、九歲的，可以叫他們買油鹽醬醋；年紀稍大的，十四、十五歲，可以叫他們買魚、肉、米、煤等，也可以要他們買自己穿用的鞋、襪、手套之類。商品交易是人際交往中的一種特例。在交易中，它可以接觸到各種各樣的人，有利於豐富交際對象和加深對人的了解和認識，從而提高自己的交際能力。孩子由於缺乏經驗，在初次交易中可能會吃虧或出現差錯，對此，父母不要過多指責，以免影響他們交際的信心。

四、在做客、待客中提高

到同學或鄰居家去玩，到親戚家去做客，讓孩子獨自去，這都是鍛鍊孩子交際能力的機會。串門做客，需要寒暄和問候，也需要交談和有關禮物的收送。與父母一起去，孩子是附帶的，不用應酬，沒有壓力，應酬的主角是父母。讓孩子一個人去，自己成了主角，與對方的一切接觸都得由自己來應酬，這無疑把孩子推到了前線，促使其考慮如何交際，家裡來了客人，有時不妨讓孩子去接待，特別是與孩子年齡相仿的客人或朋友，父母千萬不要包辦代替。

五、訓練孩子的口語

有人說，口語是社會生活的入場券，這話是很有道理的。交際能力的核心是說話能力，因為交際的最直接形式是說，不會說，說不好，怎麼交際？會說，說得巧，答得妙，其交際成功的可能性自然就大。父母可時常出些模棱兩可的辯論題與孩子辯辯；也可故意提出一些不正確或片面的觀點，讓孩子據理反駁；對孩子平時話語中的差錯，父母也可有必要的挑剔。幫助其認識。平時，也要鼓勵孩子參加演講比賽，鼓勵孩子上課或開會時積極發言。

在對待孩子的交際問題上，父母要努力克服不正確的認知，常見的錯誤認知有三種：

一是認為交際能力是天生的，無所謂培養不培養。其實，交際作為一種能力，是後天培養逐步形成的，培養的方法主要是實踐。

二是認為能說會道不算本事。與心靈手巧一樣，能說會道也是一種本事。有人對二十一世紀的人才定了這樣幾個標準：

（一）能言善辯；

（二）通文墨；

（三）眼觀六路，耳聽八方；

（四）會「小興」，即能即興抒發感情。

這四個標準中竟有首尾兩個標準涉及說，可見說在未來社會中的重要性。

三是認為交際會影響孩子的學習。失度的、與不良者交往確實會影響學習，但適度的、與志同道合者、與優於自己的人交往，不但不會影響學習，反而有助於促進學習，有助於智力發展。交際是一種思想、觀點和感情的碰撞，在頻繁的碰撞中，雙方往往可以獲得啟示，獲取靈感，共

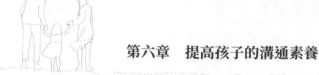

同提高。

獲得友誼的方法

人活於世，生活在各種人際關係中，總是離不開各種交往。與他人交往，是人的一種心理需要，也是作為一種社會動物，所必須具備的能力。社會越先進，人際關係越會顯示出其特有的價值。

交往對孩子的成長有著特殊意義。

作為父母，要讓孩子知道，學會交往，首先必須明白人為什麼要交往。心理學家指出：人們總是希望有人與他進行交流，從而擺脫孤獨與寂寞；希望參與具體活動並加入某一群體，從而獲得歸屬感。這樣，快樂時有人與你分享，痛苦時有人為你分擔，迷惘時有人給你指點，困難時有人給你援助，憂傷時有人來安慰你，氣餒時有人來鼓勵你。透過交往，人們能夠尋求心靈的溝通，能夠尋找感情的寄託。

那麼，家長應該怎麼引導孩子，才能讓孩子與同伴交往中要怎麼做才能得到認可，贏得信任與友誼呢？

關心

希望得到別人的關心和注意是人的一種正常需要。當一個孩子感到周圍的同學對他十分關心時，他心中更會有一種溫暖、安全的感覺，就會充滿自信和快樂。「投我以木桃，報之以瓊瑤」。孩子既然受了別人的關心，他也同樣會關心別人，這樣相互之間就容易有一種友好、親密的關係了。真誠的關心同學要熱情，當同伴有求於自己時，只要是正當的，就要盡己所有滿足對方的要求；當看到別人有困難時，要主動去幫助、關心和體貼。當然，真誠的關心同學還要無私，盡可能避免給同伴出難題。

寬容

父母要讓孩子明白，寬容是現代人應當具有的性格特徵，它表現為一個人對別人寬厚、有氣量，不計小隙，能寬容異見。生活中充滿了矛盾，同伴之間難免有被人誤解，被人嫉妒和被人背後議論之類的事情發生。我們必須寬容別人，禮讓別人。

誠懇

父母要讓孩子知道，希望得到別人讚揚是人的一種心理需要。讚揚別人也並非是件難事，因為每個人多少總有些值得讚揚之處。重要的是要誠心的讚揚別人。

主動

人際關係是在「互動」中發生聯繫和變化的。不妨讓孩子在緊張的學習生活之餘，主動地找同伴談心，討論某些問題，交換一些意見，互相傳遞資訊，這都是可以加深對對方的了解和信任。

讓孩子了解與同伴交往的方法，並不斷學習，就能架起一座交往的橋梁，就能找到一條通往成功的道路。

第六章　提高孩子的溝通素養

第七章　特殊問題的溝通方式

拒學問題

　　每逢學校開學的時候，這兩天頻頻有家長發覺，自己的孩子一提到上學就感覺渾身難受，還出現肚子痛、出汗、失眠等症狀，做檢查卻沒有客觀指標說明身體有問題。家長們擔心：是不是孩子還沒玩夠故意裝出來的？

　　國中一年級學生浩明的媽媽就很著急的向心理諮詢專家諮詢說：「我真是被這孩子急壞了，瘋了整整一個暑假，現在開學了，一說到要去上課，他就又喊頭痛又叫失眠。剛才去做了檢查了，沒有任何病。這是怎麼回事呀？」種種類似「生病狀況」還有很多。有心理醫生告訴記者，這就是非常典型的拒學症。就診學生多是產生拒學情緒，心情鬱悶、有睡眠障礙、回避與人打交道，甚至行為失調。

　　拒學，顧名思義就是拒絕學習，孩子對學習不感興趣，產生厭倦情緒和冷漠態度，並在行為中有所表現。具體來說，會表現為認為讀書無用、消極對待學習、逃避學習活動等。

　　輕者，拒學的孩子對上學不感興趣，但迫於家庭或外界壓力又不得不走進學校。在校學習狀態消極，學習效率低下，人也會變得煩躁不安、多思多慮、容易發怒、注意力不能集中，甚至看什麼都不順眼，對自己和別人都感到厭煩，每天如生活在水深火熱之中。

　　重者，當覺得自己無論如何再也學不進去的時候，當他覺得上學、學習對他來說簡直就是一種折磨的時候，他就可能會從心底產生對上學和學習的厭惡情緒，最終可能會選擇退學、離家出走等極端行為。

　　兒童拒學症的病因大概有下列幾種：沒有正確的學習動機、所學的知識內容缺乏興趣、缺乏學習的心理動力，這一點與在家庭中受到過分嬌慣有關；與老師和同學之間均未建立良好的關係，或自尊心受到傷害，對學校有消極情緒；缺乏吃苦耐勞和堅韌不撥的意志，只愛聽表揚的話，經不

起批評和挫折，心理自衛能力差。

家長應該如何對待拒學的孩子呢？可以從以下幾個方面入手。

一、引起孩子的學習興趣。注意使用不同的學習方法，如綜合運用聽、說、讀、寫，避免學習時間過長使孩子心理上產生厭煩情緒。有條件的家庭還可以配合錄音、錄影等教學手段，提高孩子的學習興趣。

二、培養孩子良好的學習習慣。家長對孩子良好習慣的形成要從小做起，對孩子的學習原則上可以指導，但絕不包辦代替，讓孩子在學習的過程中確立責任感和獨立性。

二、幫助孩子確立正確的學習方法。合理利用時間和大腦，不搞疲勞戰術，以實取勝。

四、幫助孩子與老師建立良好關係。培養他與同儕進行交往的能力，改進心理上對集體生活的適應能力。

對於智能不足的兒童，應該進行富有針對性的功能訓練，採取一些特殊的教育方法。在這方面，應該接受專家的指導。

「代溝」

「代溝」是兩代人在人際交往中的差異、矛盾和衝突。孩子抱怨父母守舊和不民主，對子女的事管得太多，與子女沒有共同的語言；而父母則反映子女冷漠、粗暴、叛逆，不聽話。這種代溝的發展有時超出了常規：家庭暴力，家長氣出病，子女離家出走。甚至，曾有母親因「望子成龍」而將親生兒毒打致死的事件、獨生子殺害了身為教授的父母的極端案例。

其實，「代溝」這種家庭成員之間的矛盾，是較有普遍性的。而要解決彼此間的「代溝」，關鍵要了解代溝產生的原因，另外父母還要用發展的眼光去觀察、認識發育成長中的孩子，掌握他們正在發生的一系列心理變

化。在家庭教育中講究科學與藝術，才能做一個適應時代潮流的現代父母。

代溝的產生，是由於兩代人生活的時代背景、文化背景、價值取向不同，生活閱歷和經驗不同所致。這種差異的產生有社會發展、年齡、閱歷等原因，也有心理上的原因，其中心理上的差異是兩代人交往障礙的主要原因之一。這種差異反映在個性、認知、生活方式等方面。

具體來說，代溝的形成主要有以下因素：

（一）**兩代人生長環境的差異**。一個人的基本行為模式和態度，自幼年開始逐漸形成，常會保留到青年期以至成人階段。兩代人的態度和價值觀念也就不盡相同。

（二）**人在個體發展過程上存在差異**。年青一代的體力和智力發展非常迅速，他們喜好活動，不畏艱難，而成年人的一些態度和觀念已基本定型，較少變化，致使兩代人之間存在差異。

（三）**兩代人在社會上所扮演的角色不同，社會對他們的要求和期望也不同**。上一代人必須負有責任，而下一代人則因年輕，富有朝氣，承擔的社會責任相對少一些。

（四）**兩代人適應環境變化的能力不同**。社會觀念、社會環境、工作性質、生活方式、人際關係等的變化，對上一代人衝擊較大，他們還不能很快適應這個時代的發展，而正處在這個時代的青少年，能很快迎合這個時代，能夠快速而準確的接受新鮮事物，進而納入到自己的價值體系中，於是兩代人之間便因此出現摩擦。

進入青春期的青少年因依附性減弱，獨立性增強，從而使親子兩代人在對待事物的認知上產生一定的距離，由於態度的不同及意見分歧，因此出現了一條心理上的鴻溝。致使青少年朋友認為父母不了解他們，不關心他們，有事不願與父母談，寧可與同學談，甚至以不滿、頂撞、反抗、違法等方式試圖擺脫成人或社會的監護，以自己的方式行事，堅持自己的理

想判斷是非的標準。

作為父母，要了解「代溝」的表現類型，全面認識這一現象。

思想方面：上一代比較務實、保守、不主張懲罰；下一代主張自由、創新、開放的思想，希望把自己的意見表現出來。

生活方面：上一代重實際，似乎不注意生活的享受；下一代多幻想，比較重視享受。

家庭責任方面：上一代願為家庭犧牲全部，主張大家庭制，認為孩子必須孝順服從父母；下一代重視個人的享受和自由，喜歡小家庭制，認為孩子的意見應被考慮。

行為方面：上一代贊成維持傳統的形式，處事謹慎、冷靜，認為作事應有原則，穩紮穩打，不接受新的花樣；下一代則喜歡冒險性的活動，敢作敢為，認為各人應按自己的意見行事，不必顧及別人的看法，不應有太多拘束。

交流交往方面：上一代態度保守，認為男女交往是件嚴肅的事；下一代則主張廣泛交友，與人交往是不可缺少的經驗，與異性交往沒什麼嚴重性。

用錢方面：上一代節省，重視金錢的實用價值；下一代則不懂得節省，希望怎麼用就怎麼用。

服裝方面：上一代贊成實用、大方而樸素的服飾；下一代則喜歡能表現其活力的衣著，認為服裝要跟得上時代，穿著能體現個性。

父母必須承認代溝的存在，不要回避，及時進行溝通。兩代之間進行溝通，可能是一方接納了另一方的意見或態度，但這裡所說的接納，不是被動或勉強的接納，而是在徹底了解對方的態度，並且發現這些態度更能適應當時的情境，因而願意自動放棄本身的意見，心悅誠服地接受對方的意見。這要求父母：

第七章　特殊問題的溝通方式

一、理性融合孩子的意見

兩代之間可以各自陳述自己的意見，說出之所以這麼做的理由，雙方可以尋求一種途徑，將各人的意見融合成為一個新的意見，在這種情況下，融合而得的行為方式往往能兼顧雙方原有意見的優點，而形成比原來任何一方的看法更完美的意見，雙方都能高興的接受。

在相互溝通的時候，每一方都應多從對方的立場和觀點去設想。尊重對方的想法，給對方一種理解和開明的態度，這樣有助於雙方在意見上達到一致，即使不一致，也可以形成折中性的意見。

和孩子溝通，要注意支持孩子有益的、有趣的想法和做法，以促進其潛力的萌發。只要行為無害就不予干涉。

孩子的言行可能是有害的，但是無休止的懷疑不但無助於中止，反而會逼著他鋌而走險或心理偏離。對孩子人格和理想的信任本身則既是教育，又能糾正偏差。

長幼是年齡概念，並無上下級之意。命令使孩子恐懼，但不會使他尊敬和喜歡。與孩子平等協商，你會發現孩子的智商、情商都不比父母差。

父母不是真理的化身，也不是正義的化身，稍不留神就會誤在代溝的這一端。代溝如何跨越？好好學習教子之道，悉心跟上孩子成長的節拍。

二、不用父母式的教育

現在的青少年，他們獲得資訊的方式已不是上個世紀的單向軸性傳遞，而是多向網路傳遞。家庭教育不再是主要的資訊來源，對即時資訊的收集和處理，父母在速度和密度上常常會處於被動的地位。這時，孩子在童年時代曾經把父母視為「第一位英雄」的形象已有所改變。在這種情況下，如果父母還以傳統的封建倫理道德觀念主宰家庭生活，以父母式的態度對待孩子，勢必使孩子產生反向心理，人為的擴大「代溝」。

三、理解孩子的需求

今天的青少年，生活環境比起父母年輕時優越多了，家用電器的普及和外來文化的接觸，使他們在視野開闊的同時，欲望也提高了。他們的需要不僅是物質上的，更重要的是精神上的。他們迫切渴望理解與同情。父母要學會「心理互換」，站在孩子的心理位置，設身處地去考慮問題，滿足他們的正當需要。即使孩子有時要求過高，也不要動輒呵斥，而要耐心指導，講明道理，爭取他們的諒解。有一位青春期的女孩，經常向父母提出要多做款式新潮的服裝，而家庭的經濟條件又不允許。對她的要求，父母沒有簡單的加以拒絕和責備，而是讓她參與家庭經濟生活的安排，一起制定每月的開支計畫。當她知道父母肩挑家庭重任的甘苦後，不但自覺收回多做新衣的奢求，而且更加尊重勤儉持家的父母。於是，家庭生活更和諧了，孩子的心理也得到了健康發展。

四、尊重孩子的獨立與創造

隨著年齡的增長，孩子的獨立感、自尊心日益加強，他們不喜歡別人（包括師長）對自己過多的干預和限制，對無止盡的重複勸說和訓話容易產生反向心理，並表現為對抗行動。但青少年畢竟純真、熱情、向上、崇尚真理，只要父母能樹立文明家風，進行民主教育，在提出要求時講清道理；鼓勵孩子發表自己的獨立見解，參與家庭「議政」，他們就能虛心聽從父母的教誨，自覺認識到每一良好行為的道德價值，從而形成正確觀念，養成良好習慣。當孩子對父母的要求提出不同意見時，父母要耐心傾聽，冷靜分析，發現和接受其中合理的部分，並表揚孩子的創見。家庭教育中這種「雙向疏導」，有利於形成和發展孩子的獨立性、積極性和社會責任感，提高父母在孩子心目中的威望。

五、跟上網路時代的腳步

網路時代如何與孩子交流、溝通，教育的針對性和可接受性是當今父母所要面臨的一個重要課題。

有研究表明，目前青少年對於社會的基本認知，對遊戲規則的把握，甚至人生觀、價值觀的形成，百分之九十以上的影響來自傳播媒體。因為家庭和學校教育常常是枯燥的、滿載壓力的，而媒體的「教育」卻是充滿趣味和快感的，獲取的價值觀也是多元化的，有不確定性，在許多方面是對傳統的「顛覆」。

在網路崛起的條件下保持有效的文化傳統，應設置一些社會儀式讓青少年感覺到他們是社會的成員，在擁有權力的同時也負有責任；強化社會評價機制。網路是缺少評價的，在現實中必須強化評價機制，當然這種評價是現代的、開放的，而不僅僅是傳統的。

六、向孩子學習

進入資訊化時代，孩子的資訊量比父母大出很多倍。孩子比父母學得快、記得快、閱讀速度快。孩子們的英語、電腦、美術、音樂、體育都比大多數父母強，父母要明智的拜孩子為師。孩子可以教父母學英語、學電腦、學音樂、學美術、學體育。孩子是我們最好的教練，當父母虛心向孩子學習時，孩子會以極大的熱情和耐心教你、引導你。此時，父母是最幸福的，孩子是最自豪的。父母與孩子就像多年深交的老朋友，無話不講。更可喜的是當孩子是你的老師時，他的自我控制能力會增強，同時還可為父母提供有價值的、創造性的意見和建議。

孩子說謊話

孩子撒謊，通常會為了達到某個目的，或者有一定的原因。有時候是故意的，也有可能是為了自我保護的別無選擇。同時還必須了解到，孩子還處於成長期。只要方法得當，一定可以幫孩子除掉這個壞習慣。所以，家長大可不必為此大發雷霆，靜靜的想一想，怎樣才能使孩子做個不撒謊而誠實的人。

理解孩子撒謊的原因

發現孩子說謊，家長的第一反應總是很失望、很氣憤。不過，做家長的，是否站在孩子的立場想過：有時侯孩子的撒謊也是情非得已的呢？

澤野剛上小學，他爸爸脾氣暴躁，動不動就把兒子教訓、「修理」一番。久而久之，兒了就很怕他。澤野的媽媽一直覺得孩子有個怕的人也不是什麼壞事，免得誰也管不了，沒規矩的肆意妄為，所以，當老公教訓兒子的時候，也很少阻止。

有一天晚上，澤野媽媽偶然發現兒子的抽屜裡有一支很漂亮的鋼筆，看起來很貴重。媽媽問他：「鋼筆是從哪兒來的？」兒子看看媽媽，又看看爸爸，低聲說：「別人送的。」

睡覺前，兒子悄悄的對媽媽說：「媽媽，我剛才說的是謊話。」啊！媽媽緊張的望著兒子，澤野卻吞吞吐吐的說：「媽媽，別告訴我爸爸，他會打我的，我害怕！」媽媽再三保證這是他們兩個人之間的祕密。兒子這才告訴媽媽，他是用自己的零用錢買的，怕爸爸說他亂花錢而打他，所以才謊稱是別人送給他的。

看著兒子膽怯的樣子，媽媽一時無語。兒子是被他爸爸打怕了，竟然為了避免挨打而說謊！

　　後來，澤野媽媽把兒子的話如實告訴澤野爸爸，爸爸非常後悔，埋怨自己太粗枝大葉了，只想做一個嚴父，希望把兒子管教成才，卻忽略了兒子的內心感受。從那以後，澤野爸爸再沒有打過兒子，父子倆一起玩遊戲、玩耍，其樂融融。沒有了挨打的顧慮，兒子再也沒有說過謊話。

　　其實，我們每個人不可能任何時候都是誠實的，也都曾經說謊，兒童撒謊更是每個家長都會遇到的問題，大部分家長都會把撒謊看成是一件非常嚴重的事情，相應的懲罰也比較重。但是，有時孩子的說謊是因為迫不得已，必須弄明白再處理。

　　我們還應該注意另外的一種情況，很多時候孩子撒謊並不是故意的，特別是年紀幼小的孩子。由於孩子的智力和識別能力發育不完全，所以，不能清楚地分辨哪些是幻想，哪些是現實。這個時期的兒童，腦子裡充滿了幻想，同時，他們的記憶力也非常薄弱，常會把一件事跟另一件事混淆在一起，也常會把腦中幻想的事情，當做曾經發生的事實講出來。

　　如果父母不了解情況，誤認為這麼小的年齡就會撒謊的話，甚至勞神傷氣，則大可不必。撒謊是每個人都會犯的錯誤，身為家長正確對待孩子偶爾的撒謊，給他們改過的機會，讓他們從中學習，同時也要樹立一個好榜樣。

不要樹立撒謊的榜樣

　　父母是孩子的啟蒙老師。由於他們對父母的崇拜，會下意識模仿父母的動作，吸收他們的思想，學習他們為人處世的態度，所以，孩子的思想和行為，會很大程度上受到家長影響。這樣，就在潛移默化中不自覺地形成了孩子的人格和個性。所以，要糾正孩子撒謊的習慣，父母就必須先從自身做起。然而，在我們的生活中，有很多的家長正是在不知不覺中教導孩子去撒謊。

一天，爸爸正在看 DVD，外面傳來了門鈴聲。爸爸叫吉牧去開門，並告訴他：「說爸爸不在家。」吉牧這樣做了。但是，他迷惘的問爸爸：「你明明在家，為什麼說不在呢？」爸爸笑笑說：「這部電影非常精彩，我不願意任何人來打擾我！」一次，兩次，吉牧認為爸爸撒謊是一種應付的技巧，認為撒謊也不是多大的錯誤。所以，吉牧就從父親那裡學會了撒謊……

不要失信於孩子

在日常生活中，這種事情非常普遍。有些家長常常為了誘導孩子做一件事，就輕易許諾，而事後就忘記了。孩子的希望落空了，他發覺父母是在欺騙自己，在向自己撒謊。比如，媽媽囑咐兒子，在奶奶家一定要聽話。如果表現好，就帶他出去玩。但等到星期天又有許多的家務事要做，就把日期推後，而且一推再推，最後也就不了了之了。

父母不守信用，孩子肯定感到失望，並因受騙而憤怒。孩子下一次再遇到這樣的情況，恐怕就不會再被父母所欺騙，而父母的下次許諾也不可能起到良好的效果了。此外，孩子也從中得到一些經驗：

（一）父母的言行不一致。

（二）父母在對自己撒謊，自己受騙了。

（三）父母是會失信的，以後不能完全相信他們的話。

（四）為了要達到目的，誇張一點說話、許諾也無妨。

（五）撒謊是允許的。

恐嚇是一種變相的撒謊

一位母親曾經這樣說過，遇到孩子撒謊的時候，她首先警告孩子：「如果撒謊，她將用剪刀剪掉他的舌頭。」之後孩子好像乖多了。有些人認為這是一個不得已的辦法。但是，一位教育專家則提出疑問：「如果孩子真的撒謊了，你真會剪掉他的舌頭嗎？」這位母親理直氣壯的說：「怎麼可能呢！

你以為我瘋了嗎？」教育專家反問道：「那麼，你是在向孩子撒謊啦？」做家長的用謊言來教導孩子不要撒謊，真是天大的笑話。

青春期戀愛

青春期戀愛是指在生理或心理上還未完全成熟的青少年之間發生的戀愛現象。進入青春期後，出現異性愛慕傾向的青少年，會主動接近自己喜歡的異性，雙方交往頻繁，相互傾心，導致戀愛的發生。通常，求學時期的戀情就是青春期戀愛。青春期戀愛的特點為：

（一）由性衝動和外在吸引而產生，缺乏思想情感方面的考慮；

（二）彼此往往由雙方身上的某方面的優點產生傾慕之情，缺乏對彼此的全面評價；

（三）缺乏責任感和倫理道德觀念的約束，極易發生性行為。

心理諮詢專家認為，孩子在青春期對異性產生好感是十分正常的。在孩子心目中，對異性確實有一種渴望，甚至衝動，想了解異性，然而孩子對異性的好感卻未必是青春期戀愛的表現，有很大一部分都只是一種美好的願望。家長發現類似的情況，不要急於公開化，更不要隨便地給孩子冠以「青春期戀愛」之名等。父母有必要意識到，社會上的孩子青春期戀愛具有不確定性和不穩定性，在通常情況下，孩子的青春期戀愛都是以模仿電視劇、電影或者以一些言情小說為參照依據，再加上自己的心裡遐想而「戀愛」，可他們卻沒有將他們的思想全部都跟上，而且普遍缺乏一種責任感，他們不完全懂得戀愛的真諦。也不懂得怎樣去控制自己的「情感」，以致會對學業或原先的理想目標造成負面的影響。

要順利度過這一「危機」階段，並不困難。父母和子女都要學習掌握有關的知識，及早做好「危機」到來的心理準備。學會自我控制，掌握「理

解」與「溝通」這兩條心理救助的要領，努力創造和諧的家庭氣氛。能否做到這些，取決於父親、母親、子女各方面的責任感和自我修養水準。實際上，這一階段，正是對夫妻之間、父母與子女之間親密關係與溝通程度的考驗。

如何正確和青春期孩子溝通，處理好孩子青春期戀愛問題呢？

一是父母要正確對待孩子的異性交往。有一位高一女孩，她因喜歡和男孩玩，被老師稱為「壞女孩」，老師說她「勾引」男生。她不明白，為什麼不能和男孩交往。她說：「我性格比較外向，向來大剌剌的。我覺得男孩子沒心機、辦事爽快果斷，他們的許多優點令我欽佩，跟他們玩在一起，感到很愉快。我們的交往僅限於在學習上互相探討，課外一起打球，有時大家去看看電影什麼的。我們從沒有往戀愛上想過，我不知道老師為什麼要玷污我們之間純潔的友誼？學校裡相處的不是男生就是女生，跟誰玩不是一樣的嗎？我到底犯了什麼錯？」還有一位國三的女生，在兩次上學的路上，被一個男孩子攔住強行搜包搶錢，她怕將此事告訴母親，引起她的擔心。她告訴班上的同學，經過大家商量，決定讓一個身材高大的男生每天陪她一起上學。誰知某一天被其母親發現了，母親不動聲色，暗自觀察了幾天，認為女兒瞞著她在談戀愛，不但把她痛罵一頓，還找上班導師，要了解那個男孩子的情況，最後鬧得滿城風雨。女孩一氣之下離家出走，住到奶奶家，很久都不願與母親和解。以上兩例中，男女孩子間的交往和接觸，都是十分正常的。然而，由於長期以來「男女授受不親」的傳統觀念，使家長對青春期孩子的異性交往過分敏感和警惕，由此使兩代人之間發生衝突，甚至發生悲劇。須知，與異性的接觸和交往，不但是青春期孩子的願望，也是他們社會化過程中必修的一課。透過彼此的交往，他們可以了解異性，學習對方的優點。例如，男孩子可以學習女孩子的細膩、溫柔、愛整潔，女孩子可以學習男孩子的勇敢、堅毅、果斷等優點。

　　二是對孩子的異性交往，不可動不動就扣上青春期戀愛的帽子。少男少女之間大多是玩伴的關係，最多雙方有好感或是相互喜歡而已。如果男女生之間接觸過於頻繁，家長和老師可以提醒他們，不要因為這種接觸影響學習。如果孩子只單獨和某個異性接觸，也可以提醒他們不要錯過和眾多異性接觸的機會，因為群體的交往不但有很多樂趣，還可以學習多個異性身上的優點。如果一味指責孩子，阻止孩子與異性交往，很可能使他們產生反向心理，本來不是那麼回事，也故意做出那樣的事來，結果事態的發展與父母的初衷剛好相反，這樣的教訓並不罕見。

　　三是尊重、關愛孩子、做孩子的朋友。東方傳統的儒家思想觀念，特別是家長制是根深蒂固地存在於家長的大腦中，許多家庭裡缺乏民主氣氛，家長有權對孩子指手劃腳。然而，如今的孩子儘管思想不成熟，卻有很強的獨立意識，他們的意見沒有得到應有的尊重，就很容易和父母產生對立情緒，產生所謂「代溝」，孩子們心理的話也不願意跟父母說。所以，父母覺得孩子進入青春期以後，同自己的距離突然一下子拉大了，很難跟他們交流和溝通。然而，孩子的這一時期，又是讓人操心的時期。由於同孩子交流的管道不暢，有的家長就要靠偷看孩子的日記、信件或偷聽孩子的電話來窺探孩子的內心及行為動態，從而使孩子更增反感，進一步加深孩子和家長的矛盾。了解孩子以尊重孩子為前提，沒有得到尊重的孩子，很難學會尊重別人。在交友問題上，耐心傾聽他們的想法，然後幫助他們分析，建議怎樣處理更好，以平等的態度和他們討論問題。尊重會使子女和父母感情上比較融洽，良好的家庭氣氛也有利於子女向父母敞開心扉，這對於家長及時發現問題是非常必要的。然而，現實是父母無法得到孩子的充分信任，有的孩子跟異性同學交往過密，甚至有了超越友誼的關係，父母卻是最後知道消息的。由此看來，家長跟孩子的關係非常關鍵。我在網上看到這麼一位家長的教育方法：他有個讀高一的兒子，一次回家向父

母宣布，他有了女朋友。他的父母說：「好哇！你的朋友就是我們的朋友，我們非常願意認識她，歡迎她來我們家作客。」男孩果然帶女朋友來家了。父母對男孩說：「我們非常希望你結交更多的男女朋友，這能培養你的交往能力，也說明你的人緣不錯。」為了給他創造交往機會，他們鼓勵兒子和同伴一起參加一些有益的活動。孩子生日的時候，讓孩子邀請一夥朋友來家裡，大家高高興興度過了一個愉快的週末。在假日，他們盡量抽時間和兒子一起玩，那位男孩在濃濃的親情和友誼之中，逐漸淡化了對那位女孩子的感情。然後，父母又以自己的經歷和切身體會，向男孩說明在跟女孩的交往中，怎樣保持適度，怎樣尊重對方，怎樣才是負責任的行為。由於得到父母的指教，這位男孩的成長非常順利。

　　總之，兩性交往幾乎貫穿於人的一生。從青春期兩性的友誼開始，到成人期的戀愛擇偶，到成熟期結為夫妻，到白頭偕老走向人生的終點。異性交往是人生重要的生活內容。對少男少女的交往，如何理解而不封殺，支持而不放縱。父母應做孩子的顧問、盟友，而不要做經理人。顧問只細心聆聽，協助選擇，而不插手干預。心理學家伊莉莎白‧艾利斯說：「父母只需要協助子女仔細檢討整個事件。青少年往往能自行想到叫人拍案叫絕的解決方法。」

性教育問題

　　五歲的兒子最近突然喜歡坐著小便了，一問才知道兒子有一次偶然發現媽媽上廁所的時候總是坐著的，兒子就照做了。媽媽知道了，告訴兒子：「你是男孩子，怎麼可以和媽媽一樣呢？你看到過爸爸站著小便吧？你和爸爸、外公是男人，你們是一樣的以後自己要注意哦！」後來每當他有時候又要坐著小便的時候，媽媽就會把手指放在臉上做羞羞臉的表情，邊唱兒歌：

「羞羞羞，女孩男孩分不清，奧特曼快快來（因為他最喜歡奧特曼），和我一起來羞羞臉！」這樣一次兩次後，兒子就再也不坐著小便了。

對於年幼的孩子來講，他們總是會在一起玩的。這個時候父母可以直接告訴孩子男女是有別的，女孩和男孩的生殖器是不一樣的，所以女孩要坐著小便，而男孩要站著小便，滿足了孩子的好奇心，他們也就無所謂了，如果家長一味地避而不談反倒會讓孩子的好奇心更重，處於叛逆期的孩子很容易產生更強烈的好奇之心，對他們的成長尤其不利。

還有其它的狀況，諸如，孩子如果對性發出提問，比如，「我是從哪裡來的？」等問題，也會讓年輕的父母感到措手不及而且難以啟齒。而隨著孩子年齡的增長，孩子對性的疑問開始越來越多了。

如果繼續遮掩，將非常有必要對孩子進行性方面的教育。性教育的目的是，要孩子了解自己的身體，熱愛自己的性別，潔身自愛，並學會保護自己不受侵害。當然，並不是一次兩次談話就能把性教育做好的，而是需要父母在日常生活中不顯山露水的點化、引導。

以怎樣的方式和孩子談性

怎麼和孩子談性，這個問題對於家長來說，向來都比較頭疼。首先，父母不要羞於與孩子談性的話題。好奇心所有人都有，比如一個盒子，我們都想知道這個盒子裡有什麼東西，尤其是孩子。那麼，我們直接將盒子打開，讓他看到盒子裡的東西是什麼，明白的告訴他，盒子裡的東西是非常美好的。不要回避，回避不是好辦法，越回避他越好奇。性知識的教育，開始的越早越好。哈佛女孩劉亦婷，在她大概三歲左右，父母就跟她講，你出生之前，是住在媽媽的肚子裡，媽媽的肚子裡有一個兒童宮殿，這個兒童宮殿裡有一個通道，這個通道通向出口，出口在哪裡呢，就是在女孩子尿尿的地方，讓她知道了子宮的位置，了解了女孩的身體結構，也

就有了對身體構造的基本認識，在這種情況下，透過動物和植物的繁殖方式，讓她知道生命是如何延續的，繼而也會懂得了性知識。

對此，專家指出孩子越早知道性知識越好，千萬不要因為害怕處於青春期的孩子會失控而拒絕讓他們了解這些知識。我們不能用成人的觀念去想孩子，不要以為孩子還沒有這方面的意識，他們很單純。比如「保險套」，他就想知道保險套是幹什麼的，以至於一些細節，孩子們不了解，會很奇怪自己到底是從什麼地方來的，我們用自然界一些東西去描述，他會很坦然的接受，覺得這些知識和別的知識沒有什麼不同，尤其在講一些器官的時候，他會認為他的生殖器官就像他的小手小腳一樣，是他人體的一部分，他要了解它。如果家長跟孩子遮遮掩掩的，他反而會覺得性非常神祕，越神祕他就越想知道，又不能透過正常的管道了解，就會透過一些不正常的管道，如男孩子可能會偷看女孩子大小便，這是很不好的事情。

隨著網路的進步，很多色情資訊開始衝擊網路。家長忽略對孩子的性教育很容易使孩子誤入歧途，對他將來的成長非常不利。如果我們在孩子沒有性意識的時候，就對他們進行正確的生殖方面的教育孩子接受起來會更坦然。主要是要給孩子樹立一個健康的性觀念，讓孩子覺得生殖是美好的，生命是偉大的，愛情是神聖的，當他們懂得了性知識以後，才會覺得性是美好的，不是齷齪的，或者是見不得人的事情，孩子們會更加熱愛生活、熱愛生命、尊重生命。

媽媽要告訴女兒，對於女孩子，泳裝遮蓋的部位是別人不能碰的，這是你私密的器官，別人是不能碰這個器官的，如果有人碰，你一定要告訴媽媽，如果覺得不舒服就要大聲喊，尤其對一些小孩子來說，你要求助。在這個過程中，包括對男孩子，也要告訴他們遠離性侵犯的問題。

性教育的幾個基本原則

一、要早開口，現在的小孩發育快，心智也更早熟，因此不要指望等到時機成熟，才和子女來一次促膝長談，解決所有的大問題。應該及早把握機會，從孩子開始問：「我是從哪裡來的」就開始和孩子談性。

二、要隨時進行教育，父母可以利用生活中的事情來談性，不一定要刻意安排。例如子女幼年時，父母可以利用共浴的時間，自然的和子女談起性器官發育以及如何清潔衛生的問題；也可以趁觀察動、植物的機會。解釋生物如何由傳遞花粉及交配來繁衍生命，告訴他們，這是生物的本能，是很自然的事情。此外，家長還可在新聞報導有關兩性相處、青少年懷孕或強暴事件時，聽聽孩子的看法，甚至和孩子一起觀看討論兩性關係的節目。

三、對於自己不明白的地方，不要硬當專家。碰到自己答不出來的問題，不要說「這種問題，不要來問我」或「等你長大，自己會明白」。可以告訴孩子，和你討論這類問題，其實我也很尷尬。但是我希望你在這方面有任何疑惑，都可以和我們討論。應該讓孩子知道。你不是無所不能，碰到不懂的問題，可以一起查資料，一起討論。

常用的性教育方法

一、家長示範性別認同法：由父（母）對同性別孩子進行言語、穿著、生活習慣、行為舉止等方面的示範教育。

二、同伴模仿法：讓小孩與同齡的同性和異性廣泛接觸，家長、教師可透過觀察孩子對其他（她）夥伴的態度與交友言行、穿著模仿，指導其性別角色的社會化過程。

三、故事暗示法：家長、教師都可透過講故事的方式，將故事中主角的性別角色行為模式向受教育者進行暗示。

四、生物模型講解法：教師和家長可利用植物、動物或模型，深入淺出的講解生物性的行為和生理過程。

五、案例剖析法：教師和家長可充分利用報刊雜誌上介紹的有關性犯罪的案例和周圍發生的事例，對學生和子女進行有關性道德、性犯罪防治的教育。

六、課堂講授或專題報告法：請有關兩性專家或醫師來舉行辦課堂專題演講，講授有關性生理知識和性觀念知識。

七、個別諮詢法：醫院和學校均應設立心理諮詢室，對有關疑慮、困惑和性障礙的來訪者給予有針對性的指導。

八、閱讀通俗性教育書刊：可利用通俗的性科學書刊和圖片、影片對各年齡層次的人進行群體的和個體的普及教育。

九、舉辦性教育展覽：可透過舉辦人類生殖、生育、性知識教育展覽，進行教育。

十、興辦新婚學校：對凡來登記結婚的男女青年進行生育、性交行為、避孕、計劃生育的專題教育。

「網癮」問題

什麼是網路成癮？一九九四年，美國精神病醫生伊萬・戈德堡（Ivan Goldberg）聲稱發現了一種新的心理疾病，並將它命名為網路成癮症。

網路成癮又稱病態網路使用，是一種衝動性的過度使用網路，並因此導致明顯的社會、心理功能損害的現象，指的是因重複對網路使用所導致的一種慢性的、週期性的、無法自拔、無力控制的著迷狀態。患者常常表

現為自我封閉、情感淡漠、人際交往能力顯著下降、嚴重依賴虛擬世界、厭惡現實世界，並程度不同的存在憂鬱、強迫、偏執等不良心理狀態。真正的網癮患者是喪失學習、工作的社會功能的，他們需要長期的藥物和心理治療。

網路成癮雖然表現為長時間的上網行為，但上網時間的長短不能作為網路成癮的一個判斷標準。有很多人長時間泡在網上是因為工作需要，如軟體工程師等，而不是由於對某種網上活動不可控制的內在衝動。而網路成癮的後果基本是消極的。

網路成癮，是青春期的孩子中非常普遍的現象。

網路成癮的原因

客觀原因：生活中缺乏情感交流

專家同時指出，中學生可能身處的不利環境是導致易上網成癮的客觀原因。目前網吧遍布大街小巷，儘管政府頒布了禁止未成年人進入網吧的相關條例，但在實踐中對網吧尚缺乏有效的管理措施，網吧一定程度上成為他們的樂土。在工作生活壓力較大的當今社會，他們的父母極有可能因忙於工作和生計而忽略了與子女的情感溝通。那麼在現實生活中缺少情感交流的中學生，便會在網路中尋找可歸依的群體，迷戀於網上的互動生活。

在教育環境上，在電子資訊時代的大環境下，電腦和網路成為青少年不可或缺的學習工具，但缺乏有效引導的中學生更多的是把電腦和網路當成一種娛樂工具。中學生的學習壓力較大，一位不願透露姓名的學生坦誠：「學習上經常遭受挫折，又得不到家人、老師和同學的理解。為宣洩心中的苦悶，逃避不願面對的現實，往往在網上尋求安慰、刺激和快樂。」

主觀原因：面對虛擬世界缺乏自控力

專家指出，中學生身心發育尚不成熟是導致易上網成癮的主觀原因。

他們自控能力欠缺，一旦上網往往可能被網上光怪陸離且層出不窮的新遊戲、新技術和新資訊「網住」。他們的認知能力有限，面對網上新奇、刺激的資訊極易受其誘惑。「這個年齡層的孩子自我意識強烈。在網路上人人平等，在匿名的保護下可以暢所欲言，不用擔心受到什麼審查，帶來什麼懲罰，而且觀點越新、奇、特，可能得到的反響越大、回應越多。」網路成為中學生心目中展現自我的最好平臺。

哪類孩子最容易染上網癮

第一種：學習失敗的孩子

由於家長、老師對孩子的期望過於單一，學習成績的好壞成為孩子成就感的唯一來源，此時，一旦學習失敗，孩子們會產生很強的挫敗感。但是在網上，他們很容易體驗成功：闖過任何一關，都可以得到「回報」，這種成就感是他們在現實生活中很難體驗到的。

第二種：學習特別好的學生

不少本來學習好的學生在升入更好的學校後，無法再保持原有的名次和位置，這時，他們對「努力學習」的目的產生了懷疑。

按照老師和父母的邏輯，學習是為了「上大學 ── 找到好工作 ── 賺錢」，當他們失去了為「名次」、「位置」等學習的內在動力後，無法認同老師和父母的邏輯，因為，即使不用學習也可以從父母那裡得到錢。於是，一些人開始迷戀網路。其實，造成這些孩子依賴網路的根本原因是沒有形成正確的學習觀。

第三種：人際關係不好的孩子

許多學生雖然成績不錯，可是性格內向、猜忌心強，而且小心眼，碰到問題時沒能得到及時解決就沉迷於網路，學習和生活受到嚴重影響。

第四種：家庭關係不和諧的孩子

隨著離婚率、犯罪率升高等社會問題的增多，社會上的「問題家庭」也在增多，這些孩子通常在家裡得不到溫暖。但是在網路上，他們提出的任何一點兒小小的請求都會得到不少人的幫助。現實生活和虛擬社會在人文關懷方面的反差，很容易讓「問題家庭」的孩子「躲」進網路。

第五種：自制力弱的孩子

不少上網成癮者都有這個問題，他自己也知道這樣不好，也不想這樣下去，但是一接觸電腦就情不自禁。這是典型的自我控制力不強。生活中要面對很多選擇，選擇什麼是對，什麼是錯，選擇什麼該做，什麼不該做。如果將人生的元素盡量簡單化，那麼人生最重要的事情就是選擇，選擇的正確率越高，成功率也越大。

如何幫孩子戒除網癮

一、家長在孩子的「脫癮」過程中扮演很重要的角色，必須打破原來一味地打罵埋怨或者放縱溺愛的傳統做法。家長應該定期與孩子交流、創造有利於孩子的成長環境、滿足孩子正常的人際交往、遊戲等方面的需求。家長們要更新觀念，提高對網路時代的認識，不能因網吧出了幾起事故就談網色變，不讓孩子上網。

二、家長要學會上網，家長不懂網路，就不能正確引導孩子上網、督促孩子健康上網。應該注意發現孩子上網中碰到的問題，在上網過程中及時與其交流，一起制定有利的措施。同時家長還可以在電腦上設置防火牆，防止孩子受到不良文化和資訊的影響。

三、家長要善用網路，當好孩子的引路人，家長要引導孩子選擇有利於他們成才的網站。

四、家長要適時監督，掌握孩子在家上網或去網吧的時間，孩子自制

力差，綜合判斷能力較弱，父母要適時提醒，適當督促孩子上網有度，並鄭重告訴孩子不要逛色情網站。

五、家長要掌握一定的心理學治療知識。很多家長面對子女網路成癮，往往是苦口婆心地勸說、哭訴，最終又束手無策。正確的做法應該是正確面對，並用適當方法去改變孩子，轉移孩子的興趣，幫助他們走出網路成癮。

六、一味溺愛、放縱，最終導致孩子性格不成熟，獨立處理問題能力差，使孩子不能合理應對外界事物；要麼對孩子嚴加看管，甚至將其關在家裡，不能出門。一旦孩子網路成癮，便恨得咬牙切齒，恨不得將孩子一棍了打死。這些對孩子的錯誤教育方式，都是導致網路成癮的高危險因素。事實上，對孩子施行正確的家庭教育，是改變網路成癮問題的關鍵。善於「彈性說服」，要設身處地為孩子著想，了解孩子的需要，切忌危言聳聽。

七、家長強化鼓勵孩子的優點，必要時可暗示不足之處；讓孩子獨立承擔家務事，並長期堅持；經常與孩子共同完成其力所能及的工作；遇事徵求孩子的意見，並採納合理的建議；關心孩子的身心健康，及時協助孩子調整負性的心理狀態。

八、間接轉移孩子的注意力。可以帶孩子出去旅遊，既能開拓孩子的眼界，又能鍛鍊動手能力、交際能力。

九、家長在社區中，還可以聯合其他家庭，在社區中營造健康的文化交流環境。在學校不能控制的課餘時間，可在社區的幫助下，組織孩子辦些有益的網路競賽，宣傳網路技能，透過家庭的比賽和交流，引導孩子怎樣正常使用網路。

第七章　特殊問題的溝通方式

第八章　緩解和避免與孩子的衝突

怎樣處理孩子的冷戰

一、哭

原因：幾乎所有的孩子都哭過，尤其是在他們還小、還不太會說話時，他們常常哭。

因為在他們想要的東西不能滿足時，哭是僅有的幾種表達受挫和生氣的方法之一。不論他們哭得多麼煩人，父母應該理解，一方面孩子是希望得到你的應答（這是哭的很重要的原因，甚至小學生有時也為得到父母的應答而哭），另一方面他還有一些「重要」的需求沒有滿足。哭像吮大拇指一樣，也是一種自我撫慰的活動。孩子弄出一些聲音會感到舒服一些，因為聲音能使他們釋放自己的情緒。

怎麼辦：當孩子開始哭時，讓他用不同的方式說出他想說的話，第一次小聲說，第二次慢慢說，然後快點說，用這個遊戲分散他的注意力。過一會兒，他可能就對引起他哭的那件事不那麼在意了。

對於學齡前兒童，你可以設定一些規矩。只要你的孩子開始哭，立刻打斷他，冷靜地說：「你又哭了。我不喜歡聽到你哭，請你好好說，是怎麼回事。」如果他還是繼續哭，你可重複你的要求。如果他改變了腔調，可以稱讚他說：「我喜歡你好好告訴我你想要什麼，不要邊哭邊說。」這時你的語氣中不要帶情緒，不論你多想向他喊：「不許哭！煩死了！」你都不能這樣做。記住，控制你自己的情緒能幫助你向孩子傳達你想讓他怎樣做，然後讓他知道你理解他為什麼不高興，並與他協商一個解決的辦法。例如，如果因為你對他說，他只有吃完了飯才能吃餅乾，他就哭起來，你可以把餅乾放在他能看見的地方，並答應他吃完飯就能吃餅乾。

預防措施：當孩子清晰地、響亮地表達自己的想法和要求時，認真聽，

表揚他，而不是漫不經心的敷衍。這樣他就慢慢知道，用語言而不是哭來表達他的要求更有效。

二、頂嘴

原因：從兩歲開始，你的孩子開始體驗權威，他的方法之一就是和大人頂嘴。聲明「不！」、「我不幹！」是兒童宣布他們想發號施令，想要更多的獨立。

怎麼辦：這是很需要技巧的時刻，因為你不想壓制孩子邁向自治的第一步，你也不想支持粗野無理。你可以用嚴肅的聲調說：我不喜歡你這樣跟我說話，你可以不同意我說的，但你必須有禮貌的說法，例如「我不同意……」、「我不想要……」讓他知道，下次如果他還這樣粗野的跟你說話，他將失去一些待遇。要前後一致，不能今天制止他粗野的說話，明天又置若罔聞。

預防措施：當你的孩子有禮貌地對你的看法提出異義時，要注意看他，對他的意見給予應答，你這樣做就是在告訴他，你重視他的意見，他的意見與你不同是可以用正常的語調方式表達的。

注意：要意識到你自己的交流風格。如果你表達與別人不同的意見時，習慣於用冷嘲熱諷、貶低挖苦的語言，你的孩子也會這樣。

三、鬧

原因：孩子大鬧往往使父母束手無策，也使自己倍受挫折。這不僅是因為孩子往往在公共場合鬧，而且因為這時候父母對孩子和情境都失去了控制。隨著孩子長大，到了學齡期，他們就能學會更好的方法處理自己的挫折。

怎麼辦：減少孩子鬧的訣竅是將它停在萌芽狀態。如果你的反應是恐嚇和氣憤，這將教給孩子：鬧是一個有效的方法，他可以得到想要的東西。

你可以說：「如果你不鬧，我們就可以談談，看我們能做什麼。」並走到另一個房間。如果你的孩子太小，你可以和他呆在一起，如果他要你抱，可以抱著他，但不要把他想要的東西給他，直到他冷靜下來。你可以看看書或做點別的什麼，讓他知道，只有他冷靜下來，你才會注意他。大多數情況下，如果大人對孩子鬧不感興趣，他們很快就會冷靜下來了。

當你在公共場所時，不管別人如何看你，都要把孩子帶到角落。可以對他說：「我坐在這裡等著，直到你不鬧了。」如果三到四分鐘後他還鬧，你就得停止購物或逛公園，直接帶孩子回家。

預防措施：大鬧有時預先沒有徵兆，孩子會因會為各種各樣的原因突然大鬧起來：得不到他們想要的東西，做不好一件事，或僅僅是累了。儘管如此，你還是能避免一些易引發孩子鬧的場合。如果你的孩子只有五歲，而他在玩十歲的姐姐的拼圖，就可能會因為拼不好而發火。你可以幫他拼，或把他的注意力轉移到適合他年齡的玩具上。

不要對孩子期望過高，例如，幼兒不能較長時間自己玩，就應避免帶孩子在商店人多的時候購物，排隊時孩子很快就會不耐煩。如果你必須帶著他排除，要準備好他喜歡的玩具或吃的東西給他解悶。

四、拖拖拉拉

原因：你提醒孩子該刷牙、上床、聽故事、睡覺。二十分鐘以後，你發現孩子還在洗臉池裡泡他的玩具汽車……

多麼熟悉的一幕，它每天都在我們家裡發生著。孩子對時間的感覺和成人是很不同的，當他們全神貫注地做什麼時，他們相信時間停止了，直到他們做完那件事，時間才會繼續走。當孩子學會看錶後，他們也不會停止磨蹭。大孩子仍需父母提醒：「快點！你晚了。」

怎麼辦：一個策略是，你幫孩子洗完澡，不是直接提醒他現在是睡覺

時間，而是跟他談論白天發生的事情，他會全神貫注地談話，注意不到已經出了澡盆，穿上了睡衣。

另一個策略是，你可以讓孩子知道下一步該做什麼，因為對學齡前兒童來說，時間概念經常和活動聯繫在一起，例如吃飯時間、點心時間、洗澡時間等等。可以說：「鑽進被窩，我們就可以讀故事書了。」你也可以和孩子做遊戲，例如，說：「我數到五，看你能不能撿起所有的玩具。」或說：「我真的要遲到了，你得幫我的忙。」讓孩子幫忙把公事包放到門口，或拿好傘，或把午飯從冰箱裡拿出來。

如果這些策略都不奏效，孩子依然拖拖拉拉，就採取更強硬一點的措施：拉著他的手，給他穿上外衣，送他去幼稚園，早餐帶到路上吃。最終，孩子會形成這樣一個概念：不論他怎麼堅持，有些事情，像準時上學，是沒有商量的餘地的。

預防措施：拿開分心物。如果電視關上了，貓趕到別的房間了，玩具都收拾起來了，孩子就會更加集中注意力於他眼前的事情。明確告訴他你希望他做什麼，確保他有完成任務所需的用具。如果你想讓他刷牙，準備好牙刷、牙膏和漱口杯。

預防早晨拖拖拉拉的另一個辦法是晚上準備好孩子的衣服和書包。這樣不僅你可以避免十五分鐘（孩子挑他想穿的衣服），你還可以減少早上的繁忙，也有助於建立生活秩序：晚上洗澡，刷牙，講故事，睡覺；早上梳頭，穿衣服，鋪床，吃早飯。

避免易產生衝突的字眼

有一些字眼雖然很簡單，但如果在某些時候說出來，卻足以挑起父母和孩子（也包括伴侶或任何其他關係親密的人）之間的衝突。如果父母

能夠了解在與孩子的溝通中，哪些話可能普遍會引起衝突，就可以用其他更能夠鼓勵合作和了解的措辭來替代那些字眼，使父母與孩子的溝通更加順暢。大部分可能會引起衝突的字眼，一般會出現在句首或接近句首的地方。以下是兩個看似無關痛癢，卻最容易引起孩子內心衝突的語詞：「如果」和「為什麼」。

「如果你……」

「如果」—— 通常會緊接著「你」，若被父母當成威脅來對孩子使用，就會挑起父母與孩子之間的衝突，例如：

—— 「如果你不把玩具收拾好，我就會把它們通通扔掉。」

—— 「如果你不好好愛惜你的衣服，我就再不給你買新衣服了。」

許多孩子會把威脅當成一個挑戰，而且他們會重複引起父母發出威脅的行為，來測試父母的決心。而且，父母發出的那些威脅通常都不可能真正付諸實踐。而如果父母沒有執行他們的威脅，孩子就不會再認真看待父母說的話。另外，不合理或太誇大其詞的威脅，儘管會給孩子一個強烈的訊號，讓他們明白父母不支持他們的某些行為，但是並不能讓孩子了解他的行為可能導致的真實後果，因此也達不到父母所期望的教育效果。

替代選擇：

父母應該避免使用「如果」，而改用「一……就……」或「只要……」。這些句子在孩子聽來，會感覺比較正面，而不會感覺包含著很多處罰的意味在裡面。用「一……就……」或「只要……」的句型，能鼓勵孩子保持理性，並讓孩子清晰明瞭可以執行的結果，從而使孩子更樂於遵從：

—— 「你把玩具一收拾好，我們就可以吃點心了。」

—— 「只要你把外套掛好，我們就可以開始玩遊戲了。」

「為什麼你不能……」

「為什麼」也很容易挑起父母與孩子之間的衝突，尤其是在「為什麼」

後面緊接著「你不能」的時候，例如：

—— 「為什麼你總是不能把你的東西撿起來？」

—— 「為什麼你總是不能把你的手放好？」

—— 「為什麼你總是不聽話？」

這些問題沒有答案。事實上，父母並不是要問「為什麼」，父母期望得到的只是一個合理的答案，然而在孩子看來，父母實際上是在責備或批評他。當孩子覺得自己被父母指責時，是不可能合作的。另一個「為什麼」這個詞常見的使用情形，是在「你為什麼……」當中，例如：「你為什麼打你妹妹？」而其實大部分的孩子往往並不知道，他們為什麼會做他們正在做的事情。很多時候，他們只是出於本能的反射動作而已。

這種說話的方式更糟糕的地方在於，這些對孩子整體個性的描述，是他無法改變的部分，對孩子來說，意味著對他整個個性的全部否定；而如果父母在要求孩子時，只使用對孩子客觀行為的描述，則是他可以有所控制的部分，他也更願意接受並作出改變。指責總是會讓人心理上產生抵制和防備（孩子和大人都一樣），而一個心理上有抵制和防備的人，當然就會缺少改善他的行為來取悅別人的動機。

替代選擇：

父母可以把那個沒有用的「為什麼」拿掉，把問題變成一個清楚、明確、堅定，只涉及孩子正在進行的行為本身，而沒有指責的陳述，例如，父母可以這樣說：

—— 「你必須把那些玩具撿起來。」

—— 「不可以打人。」

—— 「我知道你自己可以把外套掛起來，而不需要我提醒你。」

忽略孩子不適當的行為

關於這一點，有則故事可以用來說明。

有個小女孩每天在學校都會用頭去敲牆壁。班上每個人，包括老師在內，看到這種情況當然很緊張，都跑去阻止她，用各種方法安撫她，但效果都不大。後來學校終於請了心理醫生來處理這個案子。在小女孩不知情的情況下，心理醫生建議老師和班上其他同學，在小女孩再出現用頭敲牆壁的行為時不要理會。第二天，小女孩到了學校，又像往常一樣用頭敲牆壁，但班上的人都不理會她；又隔一天，還是沒有人理會她。之後，小女孩用頭敲牆壁的次數越來越少。最後，女孩這個不適當的行為就完全消失了。

沒錯，這個小女孩子的案例很特別，但它傳遞了一個重要訊息：有時候孩子的不當行為之所以會頻頻出現，是因為能得到父母的注意。正向（如讚美）或負向（如批評）的注意都是注意，但對某些不適當行為，「不注意它」有時是最有效的治療方法。如果你認為孩子某個不適當行為是為了贏得你的注意，試著不要去理會他。

「忽略」技巧有時候對孩子很有效，尤其父母如果使用得當的話。 以下是使用「忽略」技巧時要謹記的原則：

- 「忽略」技巧最重要的是要有耐心，而且謹記，你不是忽略那個孩子，而是忽略他的不適當行為。
- 所謂「忽略」就是要完全不去注意孩子。不對孩子做任何反應 —— 不要大叫、不要注視、不要跟他說話。父母儘管清楚地意識到孩子的舉動，但在那段時間要去做別的事情。
- 在孩子做不適當行為的那段時間裡，要完全忽略他。這段時間可能是五分鐘，也可能長達二十五分鐘，所以父母要有心理準備。
- 要讓家裡其他大人或成員與你配合，大家都不要理會那個孩子。

- 最後一點，在孩子停止不適當的行為時，父母要稱讚他。例如，你可以說：「我很高興你停止亂發脾氣。我不喜歡亂發脾氣的人，因為發脾氣時的大叫聲很刺耳。你不大叫的時候，我跟你相處起來就愉快得多。」

離開現場 控制情緒

有一次我看到一位無家可歸的年輕媽媽，她帶著一個五歲小女孩，小女孩乖巧的坐在她旁邊。我問這位母親，她有什麼祕訣，能讓她的孩子這樣守規矩。她對我說，每當她女兒亂發脾氣時，她就走開，到稍遠的地方坐著抽菸；如果有狀況，再隨時回來保護她。因為這個母親暫時離開現場，既可以避開孩子無理的要求，自己又能保持平靜的心情。

不管是哪個年齡層的孩子，有時候他們真的會令父母忍不住抓狂。年紀大一點的孩子，當他們不想遵守規矩時，例如「不准在客廳打球」、「不准在沒有大人監督下開派對」，他們真的會做出超乎你想像的破壞行為。如果你發現自己快要失控，不要猶豫，趕快找一個給自己喘息的機會，給自己和孩子一個冷靜的機會。到稍遠的地方抽菸是一個方法，但我們可不建議採用這個辦法。

讓孩子分心做其他事

避免與孩子發生衝突的另一個辦法是使用「分心法」。孩子容易分心，特別是年幼的孩子。他們注意力維持的時間很短，很容易受到外界環境刺激的影響。如果你看到孩子快要出現不適當的行為時，那麼可以試著轉移他的注意力。如果孩子年紀很小，你可以這樣說：「看那邊！你看到什麼沒有？是一面鏡子！你能不能對著鏡子做一個鬼臉？」或者你可以引導孩子做

適當的行為，例如：「過來坐在我的大腿上，我來唸故事書給你聽。」

「分心法」也可以用在年紀較大的孩子身上。例如，如果兄弟姐妹在爭吵，你可以建議他們一起去打電動玩具或看電視。另外，父母還可以讓孩子停止他們正在做的事情，加入大人的活動。例如，你可以對孩子說：「來，到廚房（或車庫、後院）幫我的忙。你可以做我的助手。」如果你態度友善、熱情、幽默，孩子很可能停下手邊的事情，包括那些不適當的行為，照著你的吩咐做。

如果孩子正在做某個不適當的行為，那麼父母應當指導孩子做另一個適當的行為。而且，父母應詳細指導孩子做這些適當行為的時間、地點、方式等。

只讓孩子知道他們的行為不可取並不夠，父母還應該盡可能給他們一個可替代不適當行為的適當行為

- 如果孩子正在用蠟筆畫沙發，那麼父母可以送給孩子一本繪圖本。
- 如果孩子用母親的化妝品把自己的臉畫花了，那麼父母可以給孩子買一組孩子用的、易卸妝的化妝用品。
- 如果孩子朝大街上扔石頭，那麼父母可以給孩子一顆棒球，讓他練習投棒球。

如果孩子正在玩某樣易碎或不適當的東西，那麼父母可以試著尋找另一個可以替代的遊戲或玩具讓他玩。孩子為了發揮其創造力及發洩精力會不斷尋找發洩的管道，父母應予以引導和幫助。

為了防患於未然，父母學習如何迅速找到適當而便宜的可以替代孩子不適當行為的用品和方法，從而取代孩子不適當的行為，是父母成功引導孩子的不二法門。

善用幽默調和僵局

在歷經坎坷的成長過程中，我們逐漸變得嚴肅了 —— 而且，也許是太過嚴肅。舉個例子來說，孩子一天平均會笑四百多次，但一個成年人一天平均卻只笑十五次。成年人大可多用幽默感，尤其是在和孩子互動的時候。不管是對應身體或心理上的壓力，應用幽默感都是釋放壓力、應對困境的好方法。

我記得有一次，我在一家專門收容無家可歸的人群以及受家庭暴力所擾的婦女的收容所工作。一名婦人正在談她如何從對她施暴的丈夫手中逃脫的經過，這時，那名婦人的小女孩打斷她，吵鬧著要母親帶她去游泳。母親馬上就回應孩子，並不像一般人那樣斥責：「不要吵鬧！」而是以誇張的態度模仿女兒吵鬧的表情和口吻說：「媽，我要去游泳。媽，快點。媽，現在就帶我去游泳！」不到幾秒鐘，小女孩從母親幽默的表演裡看到了自己滑稽的行為，母女倆笑成一團。之後，我注意到，那小女孩不再以吵鬧的態度跟母親說話。

用輕鬆的態度誇大孩子某種不適當的行為，能在緊張的情境中注入幽默感。

下面是一些讓父母善用幽默感的好點子。

父母可以試著用想像和虛構的故事，或用技巧讓沒有生命的東西「鮮活」起來。為了讓你表達得更好，書本、杯子、鞋子、襪子都是你可以利用的道具。

例如，如果孩子不把雜亂的玩具歸位，父母可以假裝讓玩具發出哭聲說：「好晚了，我好累喔。我想回家了。你能幫我嗎？」或者，如果孩子不願刷牙，可以讓孩子跟牙刷來場「對話」。

但是，如果發現某個點子已經不能得到你所希望得到的結果，試著換

另一種方式。例如，你可以讓孩子比賽看誰刷牙刷得最久。另一個方法是父母可以把事情說得很可笑。例如，為了促使孩子自願打掃房間，你可以說：「這房間真難聞，我猜恐龍的骨頭埋在這裡！」又或者你可以這樣說：「如果你不馬上清掃房間，政府的清潔大隊馬上就要來你這兒設立總部了！」

你也可以留一張幽默的字條給孩子，例如，對青少年的孩子，你可以這麼寫：「記得在晚上十點前回家，特勤搜索隊留。」語句寫得盡量可笑、誇張一點。

幽默的方式可以多種多樣，比如做個鬼臉，或用怪腔怪調說話，大聲唱歌，或故意唱走音。你也可以根據實際的需要修改流行歌曲的歌詞。例如，你可以把《小星星》的歌詞改成這樣：

上學，上學，別遲到，今天是個大日子，老師正在等著你，趕快刷牙梳頭髮……

當情況緊急時，你可以做一些與平常完全不同的決定。例如把早餐的食物拿來當晚餐，讓孩子穿著制服睡覺，或晚一點上床。為了避免衝突，你無需害怕偶爾打破一些小規矩。孩子最後還是會明白誰才是老大。

當然，有時候父母使用不當幽默，可能會把事情弄的更糟。所以，使用幽默感的時候，父母要對孩子的反應保持敏感，避免用粗魯或諷刺的語言。如果孩子對某樣事情敏感，例如牙套、青春痘或招風耳，就千萬不要在這些事情上做文章。

在對孩子的教養上應用幽默感，其技巧包括誇大和虛構，目的是要顯得可笑、滑稽、出其不意，而且幽默不花錢，垂手可得。更重要的是，它使我們不必時時保持完美。幽默讓我們關係更加協調，從壓抑中暫時脫離，並且重燃我們的童心。

不要讓孩子以為你完全否定他

沒有一個父母願意把家裡變成戰場，但是，有時候真的會發生這種狀況。我有一個案例，案例中的青少年告訴我，他的母親對他的行為有諸多抱怨。母親抱怨他的餐桌禮儀、睡眠習慣、髮型、服裝、臥室、朋友、學業表現，還有他休閒時所做的一切活動。他所回應的方式就是「置之不理」。等我跟這位母親談過之後，我發現她真正希望兒子做到的是，去找一份打工的工作。可惜，她真正的訴求被她一大堆的要求給淹沒了。對那位青少年來說，母親的種種要求令他麻木，他充耳不聞；而母親對他有這麼多意見，又讓他非常憤怒，結果，引起他全面反抗的心理。如果你發現孩子有一大堆你希望他能改變的行為，那麼現在開始停止抱怨，並把那些行為一一記錄下來，然後反問自己，到底哪一種行為最需要立即處理，並把那些相較之下微不足道的要求拋在腦後。

不同的年齡設定適當的限制

從五個月大開始，如果一切發展順利，那麼孩子會開始奮力尋求獨立。他們的目標是要變成一個完整和獨立的個體，能夠自己行事及思考。透過為孩子設定符合年齡的適當要求，表明你正視了孩子尋求獨立的需求。由於你根據孩子的年齡、能力、特殊需求和負責的程度設定規範，那麼便可有效幫助孩子安全地達到他們的目標。

有些父母犯了對不同年齡孩子一視同仁的錯誤，完全不理會孩子各個年齡的特殊需要。我曾經輔導過一位十六歲的女孩，她希望父母能給她一個簡單的鎖頭，讓她把臥室上鎖 —— 對青少年來說，這是很常見的要求。但女孩的父親說：「不行。」因為他覺得如果他給女兒一個鎖頭，其他孩子

（有的五歲，有的五歲以上）都會提出同樣的要求，而他不希望生活在「監獄」裡。

很可惜，案例裡的父親不明白，五歲大的孩子沒有足夠的責任感管理自己的房間，但一個十六歲大的青少年完全有這個能力，而一個便宜的鎖頭，就能滿足她希望得到隱私的需求，這是一個合理的需要。

因此，在堅守原則的基礎上建立你的家庭，但要確保你的規矩具有彈性。這並不表示你要鼓勵孩子打破家規，不過你必須準備隨著孩子的成長和需求，制訂新的規則和限制。

一般來說，新的規則能夠提供孩子更多一點的責任和自由 —— 所謂的自由不光是能去更多地方、做更多事情，也包括能獨立做更多決定。在設定限制時，謹慎地探索，你就會摸索到孩子需要獨立的界限在哪裡。用這種方法，只要你不侵犯到孩子需要獨立的空間，他就不必使用叛逆的方式爭取他的自由。

為了更了解孩子在每個年齡階段的需求，通常，各年齡層的孩子的一般行為模式是：

兩歲以下的兒童

嬰幼兒借由感官 —— 味覺、觸覺、嗅覺、視覺、聽覺來探索世界。例如，一個十二個月大的嬰孩可能把杯子推到地上，用這樣的方法來了解物體恆存的道理（物體即使脫離視線範圍，仍然存在）。嬰幼兒通常發出一些咿咿呀呀的聲音和哭聲來表達他們的情緒。因此，除非為了制止嬰幼兒所制造的太大的噪音和混亂，否則這個時期不適合設定太多的規範；嬰幼兒對規範的學習非常緩慢（最好一次一項），大概十五個月大之後才開始具備基本的學習能力。重要的是，嬰幼兒需要以一種一致性和可預期的方式來照顧他們，因為他們需要感受到安全和愛。

二至五歲的兒童

學齡前的兒童是喜好冒險的一個群體。他們精力無限、充滿好奇、敢於嘗試各種新活動。為了鼓勵孩子獨立自主，父母應該給學齡前的兒童足夠的探索空間；但也要設定限制，以保護他們的安全。學齡前的兒童常分不清幻想和真實。噩夢和白日夢一樣實在，想像出來的朋友也一樣真實。遊戲是他們生活的重心。他們喜歡玩角色扮演的遊戲，像「醫生和病人」、「母親和孩子」，由這種方式，孩子表達出他們的願望及害怕。透過遊戲，他們也建立起初步的社交技巧和互惠的能力。學齡前兒童也會出現正常的攻擊性行為（例如爭奪玩具），父母要教導他們如何以非暴力的方式解決衝突。學齡前的兒童首先是在遊戲中學習如何與人相處，然後才在現實生活中學習如何與人相處。

六至十二歲的兒童

學齡期的孩子是賣力工作的一個群體。不管是在課堂上或下了課，他們都努力發展他們的技能；也不管是騎腳踏車、算數學、「蓋堡壘」，他們都需要從中獲取勝任感。和學齡前的兒童相比，學齡期的兒童更負責，對父母的依賴較少，更可以自己做決定。父母可以借由鼓勵他們的學業和給予支持，達到協助他們的效果。父母也可以提供機會，讓孩子能順利參加各種活動或團體，例如學習電腦或參加夏令營。父母的期望必須合理，例如，可以期望孩子做出他最好的表現，而不是成為最頂尖的人物。學齡期的孩子透過各種學習成就，發展出健全的自尊感。從這之中，他們得到為未來目標奮鬥的力量和自信。

十三至十九歲的青少年

青少年有他們艱難的任務要完成，就是發展自我認同的能力。他們必

須思考「我是誰」、「我要往何處去」、「我要如何達到我的人生目標」這些問題。為了做到這一點，他們需要很多支持，包括父母和朋友的支持。朋友提供支持性的團體，青少年可以從中學習社會技巧、分擔問題、驗證自己的想法，並加強自我認同。父母提供青少年明確的溝通技巧（特別是傾聽的技巧）、關懷，以及健康向上的家庭價值觀。例如，父母應該對偷竊、說謊、喝酒、吸毒等現象表達不贊成的態度。青少年需要大量的自由空間，以便探索成人的世界，但他們同時也需要被管束。在完成作業和門禁時間這兩點上，父母應該設定合理的限制。青少年就跟其他年齡層的孩子一樣，需要關愛，也需要約束（雖然不是很多），這樣才能幫助他們成長為自信、負責和獨立自主的個體。

第九章　不良溝通害處多

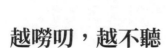

越嘮叨，越不聽

　　家長在教育孩子的時候，常常會遇到這樣的情況：對於某個問題，提醒了孩子許多次，可越說卻越不聽；糾正了孩子許多次，可孩子一點反應都沒有；教訓孩子多次之後，才發現孩子的表現與自己的期望恰恰相反……這個時候父母不要在揪住問題不放，而應該冷靜的想一想，是不是自己太嘮叨了？

　　家庭教育中，切忌對子女嘮叨。常見一些父母，出於對孩子嚴格要求的初衷，當孩子有些事做得不大好的時候，或者成績出現下降的時候，往往反覆告誡，一再提醒。有一位國中三年級的學生，平時不用功學習，作業敷衍潦草，母親非常著急。為了提醒孩子，一大早就叫孩子起床，並說：「你不看是什麼時候了，還不起來！」晚上孩子回到家中，就問作業做了沒有？當她看到孩子在室內來回走動時，就說：「你不看是什麼時候了，怎麼一點也不著急！」這位母親的心情是人所共知的。作為母親，似乎認為不這樣，自己就沒有盡到責任，也就是說，自以為只有這樣，才能提醒孩子的注意，達到預期的目的。實際上達到的效果，卻往往使孩子感到厭煩，產生抵觸情緒。

　　之所以孩子產生抵觸情緒，是有原因的。從心理學上講，這種嘮叨，就是一種重複刺激，同一內容重複的次數多了，就會在大腦皮層產生保護性抑制。這樣產生的結果就是，父母說的越多，孩子越不聽。每一位做父母必須對這種反向心理引以為戒。

　　有一位學生，母親在外地工作，他長期生活在祖母身邊，從小貪吃，生活自理能力差，學習上也是馬馬虎虎，經常遲到、蹺課。他母親知道了這些情況，就決定召開家庭會議，對他進行一次認真的教育。父親在會上講述了自己苦難的童年和成長史，祖母也發表了對孫子的管教情況。會議

開得很成功，孩子受到了很大的感觸。會上，還幫他制定了學習計畫。從此以後，他母親定期回家，督促檢查，不到半年時間，這個孩子就改掉了散、懶、饞的毛病，成績也有了明顯的提高。

其實，絮叨的說教是教育子女的一種錯誤的方式，也是父母缺少教育方法的一種表現。對於子女的教育不能單純地說教，更不能發脾氣，耍態度。當父母發現孩子有某些缺點和不良習慣，進行教育和誘導時，應使用多變的語言，以及不同的語調和表情，選擇適當的時機，有的放矢地進行訓導，「動之以情，曉之以理」，再加上給予具體的幫助和監督，這樣就會使孩子逐漸改掉缺點和不良習慣，養成好的行事風格。

父母和孩子交談，教育孩子，除了要選擇談話的方式，還要注意談話時機的選擇。孩子放學回到家，還沒放下書包，爸爸媽媽就開始嘮叨，這是最不適宜的時間。可是，父母有問題要和孩子談，都等了一天了，他們不知道孩子上了一天學，十分疲勞，注意力很難集中，也較難克制自己的情緒。如果他在學校正好碰到不順心的事就要更糟，談話肯定不會順利。因此，父母想要自己的訓導有效果，一定要善於找到孩子的興奮點，在恰當的時機將自己的觀念傳達給孩子。

強迫，會事與願違

現代社會，好多家庭都是獨生子女，這些孩子相當一部分都會存在某種程度的叛逆，有一定的「逆反」心理。他們有較強的獨立意識，不太樂意接受父母親或者長輩的教誨，而傾向於接受同學或朋友的建議。因為，孩子們出於一個平等的地位，他們之間互相比較了解，都能感受到彼此的困境；而家長讓孩子做事情或接受意見都是採用強加的方式，用長遠的眼光看這種方式是不合適的。

　　能否成功教育孩子，怎樣消除與孩子的代溝，順利與孩子橫向交流是最為關鍵的。用孩子的心態去接近他們，成為孩子所信賴的朋友，讓他們一有什麼心事或煩惱，就會想到向家長傾訴。彼此之間有了很多的共同語言以後，孩子對於接受家長的意見也就相對容易多了。

　　每一個父母都望子成龍、望女成鳳，在兒女的智力投資上從不吝嗇。他們聘家教教孩子寫字、認字，甚至彈鋼琴。有的孩子生性好靜，坐得住，拿支鉛筆給他亂畫，他也十分高興。

　　直樹就是這樣一個好孩子。他獨自一個人拿一支鉛筆一張紙坐在小桌子前可以畫上很長一段時間，不吵不哭，一個三、四歲的孩子跟一個小大人一樣。念小學以後，他一直在兒童美術班學畫，畫得非常好。像這樣從小對畫畫有興趣，喜歡畫畫的孩子並不多。

　　現實中，有更多的孩子是被父母強迫的，孩子們畫畫、寫字、彈琴，而且還硬性規定每天必須畫幾小時、寫幾個小時的字或彈幾個小時的琴。三歲到八歲的孩子正是對外界所有的事物都感到好奇，最好玩的時候。身為家長你現在要把他關在屋子裡，固定在書桌旁、鋼琴前，孩子要是受得了才怪呢。而且還是一兩個小時。於是有的就只得逃跑。父母發現後，一頓訓斥是少不了要挨的；同時還得老老實實的又坐回去：「你再跑，小心我揍你！」

　　倘若孩子對學習和其他事物都沒有興趣和要求，而父母只是管束、訓斥和強迫的話，那樣孩子是學不好的。而且久而久之，孩子還會對畫畫、寫字、彈琴反感、厭惡，甚至以消極的行為對抗父母。這種情況有很多的家長都曾碰到過，父母一定要學畫，那我就亂畫……父母一來檢查：畫的畫是圓圈圈，字寫得東倒西歪……

　　甚至，發生了一些悲劇。一個小學生，父母要他學鋼琴。每天下午放學，就一定要先練一個小時鋼琴，接著做功課。星期天本是休息的時間，

而這個孩子卻得忙一上午，到老師家裡學鋼琴 —— 孩子對彈琴毫無興趣可言。他看見鋼琴就厭惡，他幾次想把鋼琴毀掉，幾次反抗：「我不彈，我不要學。你打死我，我也彈不好。」然而父母卻不顧孩子的興趣與反抗，非要孩子學：「已經學了兩年了，花了這麼多錢了。你應該爭氣，把琴學好！今後每天不彈熟練習曲，就不許出去玩！」孩子心裡很委屈，為了不再學鋼琴，一天放學回家，他用石頭將自己的一根手指砸了。

興趣是最好的老師。藝術家應該在孩子還小的時候就開始培養，兒童的智力也需要從幼兒時開始啟發，同時應該先從培養兒童的興趣著手。而興趣又是因人而異的，父母強制性地壓在孩子的身上，反而起不到好效果。

正確的方法是：在孩子還小的時候，父母可以鼓勵孩子學習和接觸不同的事物 —— 畫畫、寫字、彈琴、跳舞、武術，等等。啟發孩子的興趣，讓他們自己產生學習的欲望。只有當孩子們自願開始學習的時候，他們才能把坐在桌前畫畫、寫字、彈琴當成樂事。他們的學習也才會進步。反之，沒有自覺要求，即便是能夠強迫一個時期，也不可能持久堅持下去。這是因為一個人不論做任何事情和學習什麼東西，只有當他將自己全部的精力都投入到那件事情上時，才能做好或學好。

雅琪的一個同事為了培養兒子畫畫，已經有好長時間的禮拜天都沒有休息過，更不用說寒暑假了。因為只要一到禮拜天、寒暑假，她就要陪兒子到少年美術班去上課。在她的監督和半強迫下，兒子勉強畫了兩三年，當然也取得了一些小小的成績，還得過獎，受到過外國朋友的稱讚。然而，當那個孩子上了國中後，母親不可能隨時控制住他時，他就將畫筆完全丟棄了。

要正確的行使父母的權力，強迫子女做他們不願做的事。即便是好事，父母的要求是正確的，也要耐心地去引導，而不是強迫和蠻幹。對於孩子來說，榜樣的力量是非常大的，要讓孩子在自己的父母身上看到榜樣

的力量。有的家長要孩子努力的學習以增加知識，然而自己卻是既不讀書也不看報，整夜沉迷於麻將、撲克牌，每天都搞得烏煙瘴氣的，連孩子晚上做作業的空間都沒有；有的家長要求孩子養成一個良好的習慣，可自己卻整天酗酒；有的家長要求孩子說話文明，可自己卻滿口髒話，父母不管是好的榜樣或壞的榜樣都會在孩子心目中產生一定的影響。

其實，身為家長，對孩子的學習、生活當然是要有所關心與指導，但要在尊重與理解的基礎上進行，而不能武斷的把成人的主觀意識單方面的、強制性的加在孩子身上：一方面強迫孩子做他根本不願做的事情，另一方面強迫他這也不能做，那也不能做，這樣孩子當然不能夠心悅誠服了。父母最好是做孩子的朋友，對他有足夠的理解和尊重，這樣才能贏得孩子的充分信任，進而讓孩子主動向你敞開心扉，給父母同樣的理解與尊重。

惡語，傷人心

「良言一句三冬暖，惡語傷人六月寒」，人際交往中，不能出口傷人；與孩子交流，也同樣要把握好說話的語氣和方式。然而令人遺憾的是，有些家長們無法克制自己的情緒，當孩子的行為無法讓自己滿意時就容易言語過激，甚至惡語相向。這些做法會給孩子幼小的心靈造成嚴重的傷害，傷害孩子的自信心和自我價值感，容易使孩子形成暴躁的性格，對自己喪失信心，甚至對家長產生怨恨心理。

優子女士的女兒今年上國三，成績在班裡屬於中下等水準，平時喜歡和男同學一起玩，經常出入網咖、KTV 等娛樂場所，成績一路下滑，為此優子女士一籌莫展。

一次家長會後，班主任點名批評了優子女士的女兒，暗示優子女士的女兒不檢點，不注意男女關係，學習不努力。回家之後，優子女士對女兒

大發雷霆，罵女兒不要臉，天生的賤貨。不准女兒和男孩子玩在一起。從那天以後，優子女士對女兒習慣性的訓斥，常常口不擇言。終於有一次，兩人大吵一架之後，女兒離家出走了。

兩個月以後，優子女士接到警察局的通知，原來優子女士的女兒因賣淫被警察逮捕。當優子女士含著眼淚去探望女兒時，女兒的目光非常冷漠，冷笑著對優子女士說「你說的沒錯，我不要臉，我是賤貨，這下你滿意了吧！」優子女士聽了女兒這番話欲哭無淚。

在上面的事例當中，優子女士因為失望而對女兒惡語相向，使女兒的心靈受到了沉重的打擊，索性一錯到底，做出極端的事。優子女士沒有想到自己的一些話傷害了女兒，繼而毀了女兒一生。這一切都是因為優子女士口無遮攔。

父母們常犯的一個錯誤是，當孩子不小心做錯了一點事情，父母就覺得孩子不努力，不是好孩子，因此大發雷霆並對孩子惡語相向。惡言惡語會對孩子造成很嚴重的傷害。會嚴重的傷害孩子的自信心，破壞與孩子之間的關係，孩子會覺得自己不受尊重。

另外，應該注意的一種現象是，一個出口成「髒」的家長，是教不出言語文明的孩子的。家長惡語相向，孩子也會變得粗暴，學會言語惡毒，不利於孩子良好性格的形成。

最嚴重的是，當孩子對家長的話無動於衷時，家長的教育作用就變得很微弱。一些孩子還會產生強烈的抵觸情緒，索性與家長背道而馳，處處與家長作對，做出一些不理智甚至是犯法的荒唐事。

家長一定要十分注意自己的言語，不要對孩子惡語相向，這會傷害孩子，傷害自己，傷害家庭。萬一家長不小心說了一些不該說的話，一定要及時向孩子道歉，真誠的道歉是可以化解矛盾的，可以避免傷害孩子。

每一位家長都應該注意樹立自己的榜樣作用，盡量避免對孩子的惡語

相向。要學著去找到孩子的優點，多鼓勵孩子，坦誠相待，多用善意的、鼓勵意義的語言，不要口無遮攔傷害到孩子的心靈。

不要盲目責怪孩子

對於剛上中學的青少年來說，接受過情緒管理教育與未接受情緒管理教育的孩子相比，有非常明顯的不同，對於同學之間的競爭、課業的壓力及其他不良誘惑較能夠遊刃有餘的應付。

當孩子犯了錯誤的時候，身為父母，不要僅僅是打罵，而是要對他講一些淺顯易懂的道理，讓他明白他這樣做會造成什麼樣的後果。很多家庭都會發生小孩子偷錢的現象，一般情況下，父母採取的辦法都是或懲罰，或斥責，或藏錢，然而這些都不能解決問題，過後又重犯，令父母頭疼不已。

東美津子的孩子五歲時也常偷家裡的錢，但有一次，無意間的一件事，奇巧妙地引用一個故事，徹底讓他將偷錢的毛病改掉了。

東美津子對錢向來都是粗心大意，總愛東放西擱，很容易被兒子拿到，每次東美津子都只能像打遊擊一樣把錢包東藏一下西藏一下，可是「道高一尺，魔高一丈」，總是被兒子找到。

東美津子氣得罵過他好幾回，但最終黔驢技窮，兒子故技重施，實在是讓東美津子傷腦筋。有一次，東美津子隱約感覺好像發現少了一萬日元，東美津子感到很生氣，就質問兒子是否拿了她的錢，兒子矢口否認，東美津子卻一口咬定是他偷了，並大發雷霆將兒子罵了一頓。只見他委屈得一邊掉淚一邊極力申辯：「我沒有拿！」後來經證實，兒子確實沒拿錢，是自己記錯了。過後，東美津子將兒子摟在懷裡，向他道歉說：

「這次你是真的沒拿錢，是媽媽不對，冤枉你了，媽媽誠心向你道歉，

好嗎？」

「嗯。」

「但是，我們來認真想一下好嗎？你想想，我為什麼感覺一少了錢就會認為是你拿的，而不認為是爸爸或別人拿的呢？」

「因為我以前拿過你好幾次錢。」他誠實的回答。

東美津子趁機講出一番道理：「是呀，因為你以前總拿我的錢，因此，只要我的錢一少，自然就會想到是你拿的。你還記得《狼來了》的故事嗎？」

「記得，放羊娃老說謊，後來沒人相信他，都不來幫他。」

「是啊，這說明什麼道理呢？」

東美津子接著說：「這就說明，一個人反覆做一件不好的事，人們就會產生一種印象，以後，就算是他不做那件事了，別人也會認為還是他做了那件事。放羊娃總說謊騙人，大家的腦子裡就形成了一個印象：狼根本就沒有來，他又在說謊。那麼，狼真的來了，大家還是一樣不相信。同樣，倘若一個人常常拿錢，給別人造成一個印象：錢是他拿的。因此，即便他以後不拿錢，別人還是會認為是他拿的。你說這樣多倒楣、多委屈呀！或許會有好長時間都洗不清這個罪名，受委屈的滋味不好受吧。」

兒子聽後點點頭，眼淚又在眼眶裡打轉了。東美津子忍住心疼，接著說到：「我是你的媽媽，你解釋說不是你拿的，我相信這次不是你拿的，可是，等你長大了走入社會，遇到類似的事，由於別人不了解你，因此別人就不一定相信你了，被人誤解、不被人相信是多麼難受的事呀！」

「是的，媽媽，剛才我也好氣呢！」兒子激動地說。

「以後只要改正了，你就是讓人相信、被人信任的好孩子！」東美津子對兒子豎起大拇指。他一頭撲在東美津子的懷裡，難為情的笑了。

透過巧妙地用故事開導，使他知道了信任的重要性和偷錢的壞處。此

213

後，兒子再也沒拿過家裡的錢了。現在他已上小學了，東美津子一下班，能夠放心地把錢包隨意放，而兒子，要用錢時就向媽媽開口要，說明理由，而且懂得盡量少向父母開口要錢。

有時候沒有零錢，給他整錢，他也會把找回的錢一分不少的交還給媽媽。母子間建立了非常好的信任關係。

還有這樣一個故事：幸村的妻子因車禍去世了，他獨自一人撫養一個七歲的男孩。每當孩子和朋友們玩耍受傷回來，他對妻子過世留下的缺憾便感受特別的深，心裡便揪痛。一次，公司派他出差，因為要趕火車，沒時間陪孩子吃早餐，他便急急忙忙的出了家門。

一路上擔心著孩子有沒有吃飯，會不會哭，心老是放不下。抵達了出差地點，也不時打電話回家。可孩子總是很懂事的要他不要擔心。

由於心裡牽掛不安，草草處理完事情，便踏上歸途，回到家時孩子已經熟睡了，他這才鬆了一口氣。旅途上的疲憊，讓他感到渾身沒有一點兒力氣。正準備就寢時，突然大吃一驚：棉被下面，居然放著一碗泡麵！

「這孩子！」幸村在盛怒之下，朝熟睡中的兒子的屁股一陣狠打。

「為什麼這麼不乖，惹爸爸生氣？你這樣調皮，把棉被弄髒的話要誰洗？」這是妻子過世之後，他第一次打孩子，

「我沒有……」孩子哭著說：「我沒有調皮，這……這是給爸爸吃的晚餐。」

原來孩子為了配合爸爸回家的時間，特地泡了兩碗泡麵，一碗自己吃，另一碗給爸爸。但是因為怕爸爸那碗麵涼掉，因此就把它放進了棉被底下保溫。

幸村聽後，感動得說不出一句話來，他緊緊的抱住孩子。看著碗裡已經泡好的泡麵，激動的說：「孩子，這是世上最……最美味的泡麵啊！」

有時候，可能看起來孩子做錯一些事情了，可是實際情況並不是這

樣，責怪孩子之前，不妨先問清楚。而且，父母首先要反省自己的言行和教育方法是否正確。

吼叫讓事情更糟

一位家長參加家長會，有位老師向家長們講述一件發生在自己身上的事情：

一天早晨，我負責管理早自習，我只管紀律，防止那些調皮鬼搗亂。一開始，同學們都還挺安靜，可沒過一會兒就全亂了，說話的說話，笑的笑，有的竟唱起了歌。我生氣的巡視課堂，發現說得最起勁的還是童虎。就走過去，大叫道：「你別說了行不行？」

他吐了吐舌頭，笑著說：「不謙虛，不說了。」

可我一轉身，他又開始了他的「演講」，望著這混亂的局面，我只是無可奈何地歎了口氣。總不能這樣任其亂下去呀？我猛然想起了「殺一儆百」。對！我雖不能「殺」他，但一定要「儆」。於是我怒氣衝衝的走過去，喝道：「童虎！你站起來！」

他卻好像沒聽見似的，沒吭聲，可也沒動。

我又加大了嗓門：「你站起來！」他見我生氣了，只好慢悠悠的站了起來。

這時，一個尖聲尖氣的聲音傳入我的耳朵：「家住海邊啊！管得倒寬。」我扭頭一看，氣得火冒三丈，說話的原來是童虎的「好」班長富江。他不緊不慢的說：「你那樣訓人，我們不服氣。」

看到他傲慢的樣子，想到他身為副班長，不但不管童虎，反而替他說話，我氣惱得像獅子，嚴聲命令：「富江！你也站起來！」

富江臉朝屋頂，不理不睬。我忍無可忍地舉起了教鞭，給了他一下

子。這一下他也火了，跳上課桌，拉開了決一雌雄的架勢。

課堂上頓時安靜了下來，四十多雙眼睛一齊投向我倆。恰在這時，另一位老師來了，才算解了圍。

晚上回到家，我把這件事告訴了丈夫，丈夫講了一個故事：

有一個小孩子，不知道回聲是什麼東西。有一次，他獨自站在曠野，大聲叫道：「喂！喂！」

附近小山立即反射出回聲：「喂！喂！」他又叫「你是誰？」回聲傳來：「你是誰？」他又尖聲大叫：「你是蠢材！」立刻又從山上傳來「蠢材」的回聲。

孩子十分憤怒，向小山罵起來，然而，小山仍舊毫不客氣的回敬他。

孩子回家後跟母親訴說，母親對他說：

「孩子呀，是你做得不對。若你恭恭敬敬的對它說話，它就會和和氣氣的待你。」

孩子說：「我明天再去那裡說些好話，聽聽它的回聲。」

「應該的，」他的母親說，「在生活裡，不論男女老幼，你對他好，他便對你好。正如以前有一個非常聰明的人所說的那樣：『溫柔的答話會消除憤怒。』如果我們自己粗魯，是絕不會得到人家友善相待的。」

我知道這個故事，但是從來沒有過這麼深的體會。在第二天早自習時，我主動承擔了責任，還向童虎和富江同學道了歉。還請大家協助做好班裡的工作，一起把班級秩序變好。同學們聽後都報以熱烈的掌聲，鼓得最熱情的就是富江和童虎了。

從此，在我的班上，再也沒有聽到過喧鬧聲了。

這個家長聽了這個故事聽了很受啟發，因為他也像這個老師曾經對待她的學生一樣，對待他的孩子。結果效果也不怎麼好，孩子也不怎麼聽他的。

其實，作為家長，應該心平氣和地糾正他們的錯誤，而不是朝他們大吼大叫。在很多的情況下，放聲吼叫起不到什麼良好的效果，相反輕聲細語的囑咐往往能得到意想不到的結果。

父母在大聲吼叫的時候，往往展示的是一種尊嚴、威嚴，有一種居高臨下的味道，沒有顧及到孩子的自尊心，更沒有和孩子處於平等的地位，進行一種心的交流。而輕聲細語地囑咐時，更多的是把孩子的利益放在了受尊重的位置上，保護了孩子的自尊心。父母的心與孩子的心處於一種平等交流的位置上，當然孩子容易從內心深處受到觸動，隨之而產生的，是對父母由衷的愛。

家長們在教育孩子時輕聲細語，這樣往往能收到很好的效果。

在一個大型商場的玩具架前，有一個小男孩高興地舉起一把槍，並示意他的父母買下這把槍，還喊道：「我要！我要！」這時他的母親趕緊走過去，用左手食指放在嘴唇上噓了一聲，示意小男孩輕聲點。然後她彎下腰輕輕地對小男孩耳語了幾句。小男孩默默地放下槍，又向前跑去。

有 個小男孩搶了一個小女孩的電動車，女孩要男孩歸還，可男孩就是不給，這時女孩子哭了起來。男孩的母親看見後，微笑著走了過來，輕輕地對男孩說：「你過來一下。」小男孩不太情願地跟了過去，這位母親臉上始終帶著微笑輕聲地跟男孩交談。開始小男孩還反駁，一會兒母親在小男孩耳邊又講了幾句，小男孩就不做聲了。過了一會兒，小男孩低著頭，拿著小車走到小女孩面前，把車還給了小女孩，並認真地講了一聲「對不起」，說完了，向女孩欠欠身，然後挺胸抬頭像個男子漢似地走回到他母親的身邊。

家長透過耳語、彎下身子說話以及把小孩找到一個僻靜處悄悄說話，這都體現了家長對孩子的一種尊重，一種保護。

現在的孩子，承受著巨大的心理壓力，諸如分數、升學及家長強加於

孩子的各種「厚望」。為了這些而感到活得很累的孩子已經不少了，作為父母，難道你們還要釀成更多的悲劇嗎？

想起一位父親說過一句讓無數人動容的話：「即使全天下的人都看不起我的孩子，我依然會飽含熱淚的擁抱他、鼓勵他。」既稱之為孩子，就是因為他們還稚嫩，還弱小，即使成人在遇到失敗時，都渴望別人的呵護，更何況孩子呢？願所有的家長理解你的孩子，多對他們說鼓勵的話，不要說讓孩子傷心的話，不要對孩子經常嘮叨、使用大嗓門，更不可打罵他們，只要家長能真正體察孩子的心聲和需求，平等地對待他們，他們是一定會進步的。

難得的是，如今很多家長改掉了大聲訓斥的習慣，採用了一種輕聲細語的教育方法：其實這是一種既科學又藝術的教育方式，孩子當然容易被感動，這也體現出家長舉止的高雅。

溺愛孩子沒道理

有一個孩子，家庭生活條件優越，祖輩和父母眾星捧月，可謂集「萬千寵愛於一身」，可謂十足的小霸王，在學校卻表現的十分懦弱，連手指被同學的板凳壓住，都不敢出聲，變成了一個在家張牙舞爪的龍，出門在外卻變成了一條膽小的蟲。

有一位母親，平時對兒子關心得無微不至，可兒子對她卻非常冷漠。一天，這位媽媽過生日，媽媽的朋友打電話到家裡。恰巧她不在家，兒子接的電話，媽媽的朋友告訴孩子：「今天是你媽媽的生日。」兒子冷冷的說：「我媽過生日關我屁事！」後來這位母親知道了，當時她的心都傷透了，每次兒子過生日，她給他買這買那，他怎麼都忘了呢？

有一位剛失業的女工，雖然家裡經濟狀況不太好，可知道孩子喜歡

吃蝦，便咬咬牙從菜市場買來蝦，做好後端上桌，看著孩子津津有味的吃著，自己捨不得動一筷子。眼看孩子已吃完飯，媽媽忍不住想去嚐一下剩下的蝦。可沒想到，她十歲的孩子卻說：「別動，那是我的！」這位母親，當時一定是心如刀絞。

還有一位母親，雖然家境比較富裕，但見女兒花錢大手大腳，就對女兒說：「你不用著急花錢，爸爸和媽媽這些錢，以後還不都是你的？」誰知女兒聽後把眼睛瞪得圓圓的，厲聲對媽媽說：「我告訴你，從明天開始，你要省著花錢，這些錢都是我的了！」

有一位母親，丈夫在攻讀學位，為了更好的照顧兒子，她放棄了原本待遇不錯的工作，整天在家相夫教子。丈夫畢業後，功成名就有了錢，拋棄了妻子，還帶走兒子。兒子成了有錢人家的兒子，上了貴族學校。媽媽想念兒子，特意買了一件新衣服，到學校去看兒子，兒子嫌母親穿得太「土」讓他丟臉，告訴同學這是他老家的長輩。後來，竟提出了一個無情的要求：讓母親做他的「地下媽媽」，否則就不認她這個媽！母親哭訴無門，痛不欲生。

是孩子生下來就不會愛別人嗎？不，那麼「愛丟失症」的根源在哪裡呢？是父母的「極度關愛」、「過分溺愛」、「無限縱容」滋長了孩子的自私，使孩子心中只有自己，沒有別人。正如專家所說：「深度的愛比極大的恨對個性造就的扭曲更大，因為前者很難被溺愛的對象反抗，而這恰恰是獨生子女家庭的普遍特點。」

可是現實生活中，這樣的事情總是無處不在。有些父母總是跟在孩子後面，遇事總是代勞，不讓孩子獨立活動，不給孩子嘗試挫折、克服困難的機會。許多父母把孩子當成小皇帝，孩子把父母當奴隸，父母認為這是對孩子的愛。父母的愛是孩子成長的營養，但如果愛之過度就會變為溺愛，具體表現就是嬌生慣養，有人把這稱之為「保護過度」。

第九章　不良溝通害處多

看到過這樣的新聞報導：某市舉行親子風箏大賽，很多家長帶著孩子去參加，活動要求孩子自己動手做，家長可以協助孩子完成手工製作。可是在比賽的過程中，基本上是家長們在做，而孩子們反而成了協助者甚至旁觀者。

還有家長替上幼稚園的孩子做「作業」，也是一個比較普遍的現象。早晨，家長陸續送孩子入園，同時也送來了老師前幾天出的「作業」，這些所謂的作業，一般都是些讓孩子自己動手動腦的小任務。大多數孩子的「作業」都做得非常好。比如讓孩子們做一張臉譜，交上來的臉譜不僅用色恰當，而且塗色均勻，做得很好看。但是問題就在這裡，仔細看看就會知道，這些「作業」並不是孩子自己做的，而是家長幫忙或者代替孩子做的。

在過度保護的環境中成長起來的孩子，獨立生活能力差，感情脆弱，依賴性強，遇到困難和挫折時就退縮，不會自主的解決問題。因此，父母對孩子要愛之有度，讓孩子受一些挫折的考驗，這樣才能使孩子立足社會，能更好地獨立生活。

望子成龍、望女成鳳是每個家長的心願。自己雖然辛苦了一輩子，但是為了子女能有一個美好的前途，哪怕只有一線希望，自己苦點、累點都無所謂，為了他們就是砸鍋賣鐵，父母也心甘情願。而對於這些從小就在蜜罐裡成長起來的孩子來說，早已習慣了衣來伸手、飯來張口的養尊處優生活，根本體會不到生活的艱辛。尤其現在又是獨生子女一統天下的時代，他們更是寵愛有加。三對家長守著一個寶貝，更讓這些溫室裡成長的孩子把享受生活看成是天經地義的事情。他們不但根本沒有機會吃苦，而且更不想去吃苦。因此，這些孩子之間從不比個人能力高低，而是比誰的父母權利高，誰的生活水準好。

這種溺愛子女的做法就好比在溫室裡培育幼苗。它外表雖然長得很鮮豔，但是經不起外界風霜雪雨的考驗。它只要一離開溫室，就很容易被

外界的狂風暴雨摧殘得奄奄一息。所以，對於這些衣食無憂的孩子來說，我們的家長應多給他們提供一些在溫室外活動的機會，透過這些力所能及的活動，來培養他們獨立自主的適應外界生活的能力。尤其在孩子上學期間，不要溺愛孩子。不要因為孩子在學校吃的飯一般，就隔三差五地大包小包的往學校帶好吃的東西。他們想吃什麼，就往學校送什麼。這樣做對他們的成長是不利的。要知道，小雞不啄開蛋殼是長不大的，小鳥不離開鳥巢是學不會飛翔，狐狸不離開母親的懷抱是過不了獨立生活的。因此，孩子不離開溫室適應獨立的生活，是經不起風霜雨雪的考驗的。

　　事實證明，家長對孩子的溺愛與棍棒教育的後果是一樣的，這也充分說明了溺愛孩子和虐待孩子的後果是等同的，都是對孩子的不尊重，都是對孩子權利的剝奪。棍棒教育傷害孩子的途徑是從肉體到心靈，而溺愛傷害的途徑是從心靈到肉體。正如盧梭所說：「你知道用什麼方法能使孩子成為不幸的人嗎？那就是對他百依百順。」

讓孩子放任自流

　　很多父母流行著一種想法：我對我的孩子沒有什麼期望，只希望她健康快樂的成長，所以沒有必要刻意地讓他上好的學校，也沒有必要強求他努力學好哪個特長，一切就看他們自己的造化了。對此，我想說：你們是在害他們！

　　沒有嚴格的要求，幾乎沒有人能練好基本功。人總是有懶惰的傾向，而現在社會誘惑或分心的事物越來越多，若父母管教不嚴，孩子們沒有幾個能把持住，沒有幾個能靜下心來看一頁書，靜靜思考問題。面對重複的基本功練習，連父母自己也很難堅持，怎麼可以相信孩子能靠自己的造化而練好基本功呢？每每想到此，我就很痛心。

第九章　不良溝通害處多

　　家庭教育可以說決定一個孩子的未來。古往今來，幾乎所有的成功人士，很大一部分原因是由於得到了一好的家庭教育，才走向成功的。如一提孟子，就肯定大家首先會想到孟母三遷；李嘉誠，總是有母親在提醒他做人基本道理；就連小說中的郭靖，一開始也是很笨，為什麼他能突圍而出呢，因為他緊記母親的做人的基本道理，時時提出來警醒自己和別人，所以他的成功是必然的。

　　放任自流，看孩子自己的造化，這是一個很危險的做法。孩子本來沒有什麼判斷力，所以很容易受壞人唆教或不良思想的侵蝕，很容易誤入歧途。等到孩子長大後，孩子的思想和性格基本定型時，才來嚴格要求他們，即使為時未晚，也要花更大的力氣去扭轉。

　　北里柴次郎的父母都是工人，沒什麼文化，但家庭生活比較富裕，在家裡北里柴次郎是個獨子，可是今年才十五歲的他，卻已經是個少年犯了。

　　北里柴次郎的父親特別喜歡喝酒，他常常和父親一起同桌吃酒菜，有時也試著嘗兩口。但是，對於未成年人的他，父親竟不加以干涉，反而還誇兒子「真行」。他從七、八歲時就會喝酒、會花錢。父親有時甚至大方到讓他自己從錢包裡掏錢。於是，小小年紀的北里柴次郎，成了酒吧、舞廳、餐館的常客。父母不但不阻止，竟說：「學會花錢，並不是壞事。」由於他出手大方，那些行為不良的同學開始圍著他轉。於是北里柴次郎又學會了抽菸、賭博。他學壞後，成績急劇下降。開始，因老師督促，父母還罵過幾句，幾次管不住兒子後，也就索性不管了。反而說：「我沒有文化，不也生活得挺好。」結果北里柴次郎常常翹課，考試吃「鴨蛋」成了家常便飯。後來發展到偷盜搶劫，終於被關進監獄。父母這時悔之晚矣！

　　所以，對於孩子的要求，應該正確對待，不能總是拒絕，也不能一味的答應。

　　另外一些特殊情況，某些會使家長不放心的要求。例如，大一點的孩

子提出結伴去郊外旅遊，或在老師的帶領下去學游泳等，家長出於安全考慮，可能會斷然拒絕，而使孩子的情緒受挫。正確的態度是，應借此機會讓孩子鍛鍊一下，積極幫助孩子安排好活動，嚴密防範可能發生的意外情況，如果一時做不到，就應講明道理，好言勸阻，這樣，有利於保護孩子的積極性，對孩子的成長會有很大幫助。

如果孩子所提出的要求不合理，夫婦倆應配合一致，向孩子講明道理堅決拒絕，不能遷就，不能搞「下不為例」。因為遷就一次，就會為下一次拒絕孩子的不合理要求增加一分困難，失去一次糾正孩子任性缺點的機會。如果孩子提出了可滿足可不滿足的要求，家長一般不要輕易滿足孩子的要求。這樣，既能防止孩子產生過強的物質欲望，又有利於培養孩子的自控能力。對待孩子的合理要求父母已答應，可是實際情況發生了變化（如要的東西市場一時買不到），許諾一時無法兌現，父母就要耐心的向孩子解釋許諾無法兌現的原因，使孩子懂得父母是說話算數的，並不是「言而無信」。

但是，對於孩子的某些特殊要求，特別是以審美性、探索性為特徵的，如製作、實驗、創造等高層次要求，父母應採用引導、激勵等方法，讓孩子自己動手去實現。這種作法可以激發孩子的自豪感、成就感、自信心和勇於克服困難的意志力，更有利於孩子健康成長。

最後，要多參與孩子遊戲，提升孩子的情商。遊戲是兒童的工作。在遊戲中，孩子全身心地投入，孩子的個性特質、生活習慣、智力水準等會在遊戲中表現得淋漓盡致。放棄了遊戲就放棄了解孩子的機會，更何況，與孩子遊戲還可增強親子間的密切關係。所以，父母在工作之餘應參加到孩子的遊戲中去。

堅信不打不成器

打罵、體罰孩子不能培養孩子健全的人格，無數的例子證明了這是一場失敗的教育。可以毫不客氣地說：打罵，是一種無能的溝通。

津美的媽媽從小對津美「管教」得非常嚴，飯桌上，如果津美不小心把碗掉在地上摔碎了，那她媽媽一定會怒不可遏的把她從凳子上拽下來，並大聲斥責：「這麼大孩子，連個碗都端不好，別吃飯了！」如果女兒傷心的哭了，媽媽會更生氣，厲聲喝道：「還有理哭呀？閉住嘴，滾到你屋裡去！」女兒非常難過的回到了自己的房間。

有一次媽媽正在房間講電話，女兒把電視打開，音量很大。媽媽回頭示意讓津美將聲音降低，女兒躺在沙發上紋絲不動，媽媽過去將電視關上，又去接電話，但女兒又用遙控器將電視打開了。媽媽匆匆結束講話，將電話掛上，一步衝到女兒面前，生氣的狠狠打了津美幾下，並說：「你這個不聽話的孩子，一點規矩沒有，不打是不行了。」

在媽媽的嚴厲教育下，津美成了一個「很聽話」的乖孩子。學校要交八十元的班費，媽媽沒零錢，給她一百元，女兒說：「老師只要交八十元。」硬要媽媽去換零錢才肯走。有一天，媽媽因有事大清早出去，下午才回來。回來時發現冰箱中為女兒準備的食物一點都沒有動，問女兒：「中午吃了什麼？」女兒說：「沒有吃。」媽媽說：「難道不餓嗎？冰箱裡有那麼多食物。」女兒回答說：「早就餓了，只是你沒有說呀！」聽到女兒的回答，媽媽哭笑不得。想不到，自己平時的高壓手段，竟培養成了一個如此沒主見、軟弱順從的孩子。

打罵孩子的父母是一種無能的表現。在這種高壓之下，一些性格倔強的孩子，往往表現出頑固的抵抗意識，與父母產生對立情緒。久而久之，會變得情緒暴躁，行為粗野，一些性格怯懦的孩子，則會產生一種恐懼心

理，表現出軟弱順從的意識，在父母面前畏畏縮縮，膽小怕事。可見，粗暴型的教育方法，一般都不會產生什麼好效果，即使從表面上看有效，那也是暫時的，孩子的內心並不服氣，甚至反感。用這種方法不但不能把孩子教育好，反而會傷及孩子的自尊心、自信心，使孩子產生自卑、膽小、孤僻、撒謊等毛病，影響孩子的健康成長。

因此，要想改正孩子的錯誤，必須是孩子自己有所反悔和有改過的想法，一味地打罵而不去與孩子積極溝通，永遠達不到讓孩子改正錯誤的目的。這樣的父母永遠也無法與孩子良好溝通，只會把孩子越打越遠。

父母如果用自私、冷酷和暴力來對待孩子，那麼在孩子心裡播下的就只是仇恨的種子，等他長大了，孩子會感到世界不公，就會憤怒就要反抗。

每個孩子都是有自尊心的，父母在教育孩子的過程中，如果一味地濫用打罵的方法，不僅會嚴重傷害孩子的自尊心，也會喪失父母在孩子心中的威信，甚至會使父母與孩子之間的感情產生嚴重的隔閡，造成彼此間根本無法溝通。

可是，有極個別的父母，愛用打罵來體現自己對子女的愛。有一個小女孩說，自己只要考試成績不好，回到家就要跪搓衣板。從她十歲的時候起父母親就採用這種方式，到現在，她已經十六歲了，父母親還是用這種方法，考試成績一差，就要跪搓衣板。其實，這個孩子的父親還是一位公司高層呢。當別人問他罰孩子跪的根據時，沒想到，他這樣回答：「打是親，罵是愛，不打不罵是禍害。」

這種毫不顧及孩子感受，熱衷於「打」、缺少溫情的教育方式對孩子非常有害，由此帶來的嚴重後果也不堪設想。

只知道用簡單粗暴的教育方法教育孩子是家長無能的表現。武力不僅傷害孩子的身體，更重要的是損害孩子的心靈。身體的創傷容易恢復，而心靈的損害卻對孩子的身心成長是非常不利的。

　　所以，父母們一定要摒棄那種「不打不成器」的錯誤的觀念。但是，孩子的教育是一件長期細緻而艱苦的工作。不打罵孩子不等於連孩子的一根指頭都碰不得，偶爾適當的體罰有助於孩子反思自省。體罰雖然罰的是孩子的身體，但其力量一定要達到孩子的心靈，足以使他改過從善。在這同時要充滿愛意地與孩子溝通，給孩子把道理講透，不讓孩子覺得挨打挨得莫名其妙。沒有這種把握，沒有這種準備，父母必須放下手中的棍棒，盡量不要打罵孩子。

第十章　如何與青春期孩子的溝通

了解青春期孩子的特點

　　青少年時期大體上相當於國高中時期。十一歲到十五歲是少年期，相當於國中階段，十五歲到十八歲是青年期，相當於高中階段。隨著年齡的增長，他們由於生理的發育、成熟，必然引起心理上的變化出現了

　　青春期的孩子就像被時代打上了烙印一樣，所以，作為父母，我們不僅要正確認識孩子的青春期，明白這種時代的烙印是孩子走向成熟的標誌，還要知道在這種時代烙印的背景之下，青春期孩子的一些特點。

一、獨立性增強

　　隨著青春期孩子自我意識的形成，他們的獨立性急劇增強，他們不再被動地聽從父母的教誨和安排，表現出「順從」和「聽話」。而是渴望用自己的眼睛看世界，用自己的標準衡量是非曲直，做自己命運的主人。這種從被動到主動，從依賴到獨立的轉變，對於青少年來說是成長的必由之路。

二、情緒兩極化

　　青春期孩子情感濃烈、熱情奔放，情緒的兩極性表現得十分突出。他們既會為一時的成功而激動不已，也會為小小的失意而憂鬱消沉。他們情緒多變，經常出現莫名的煩惱、焦慮。

三、心理向成熟過渡

　　青春期是長大成人的開始。是由不成熟向成熟的過渡，這一過程對他們來說是漫長而痛苦的。此時，他們既非大人。又非孩子，原來的孩童世界已被打破。但新的成人世界又尚未建立。因此，他們的內心充滿了矛盾和衝突。比如，生理成熟提前和心理成熟滯後的矛盾：獨立意識增強與實際能力偏低的矛盾；渴望他人理解，但又心理閉鎖的矛盾；以及理想與現

實、愛好與學業、感情與理智、自尊和自卑的衝突與矛盾，等等。

四、行為易衝動

美國和加拿大學者的最新研究指出。人的大腦中有一個重要的控制中心，負責控制感情和衝動。要到成年早期才能完全成熟。換句話說，在青春期青少年的大腦中，控制神經尚未發育成熟，這是他們行為易衝動的原因。

這些特點在孩子身上的具體表現是：

一、孤獨感強烈

進入青春期的孩子大都有這樣一種體驗，覺得自己是大人了，於是總想一夜之間成熟起來。父母的關心不再像過去那樣暖融融打動心扉，反而覺得嘮叨刺耳；老師呢，在我們心中似乎也失去了往日的素養；就連平時挺要好的同學，現在也不是那麼親密無間、無話不談了，自己一肚子的心事，不知道該和誰談。難怪有些進入第二次心理斷乳期的孩子總要感歎：「沒人理解我！」「我好孤獨！」

二、自我封閉

許多父母都會遇到這樣的事情：孩子長到一定的年齡之後，往往就會把自己封閉起來，不輕易向外界展露心扉，原本開朗的性格也逐漸變得孤僻了，對父母的態度顯得十分冷淡。這是孩子從不成熟走向成熟過程的正常心理反應，心理學上稱之為「青春期自我封閉心理」。這種心理反應，若任其發展下去，很容易造成孩子的缺陷人格。孩子在不斷成長，由於獨立性的發展，他們不再像小時候那樣有什麼話都和父母講，不肯輕易向父母袒露真情，往往把心裡話藏在心中。表現為少言寡語，父母問起什麼，三言兩語就說完，十分不耐煩。他們往往透過寫日記的形式傾吐自己真實的感情，並把日記本放在加了鎖的抽屜裡。如果父母不了解孩子「閉鎖性」的

心理特點，缺少與孩子的交流與溝通，或不講究方式方法，不僅兩代人會疏遠，而且會產生「情感危機」和對抗性行為。

三、脾氣暴躁

處於青春期的青少年的中樞神經系統處於高速生長，經常會表現出缺乏耐性、脾氣暴躁，甚至會對父母有侵犯性的言行。

美國腦神經科學家們對十一歲左右的青少年（青春期的開始年齡）進行的實驗證明，這一時期的孩子在感知、情緒等方面做出的錯誤判斷最多，到大約七年之後，也就是基本完成生理發育的時候，他們才能比較準確地判斷感情。科學家們讓接受實驗的青少年識辨一組肖像，然後讓他們說出肖像的表情：是生氣、是幸福，還是中立的無表情？然後將青少年判的結果與年輕的成年人的判斷對照。他們發現，青少年的判斷與成年人大不相同。

科學家說，十一歲左右的青少年，正處於大腦前額葉皮層（在前額骨後）發育的階段，大量的神經連接正處於「改造」之中，而大腦前額葉皮層對感情、道德等情緒有影響，並負責產生行動的神經衝動。大腦的其他部分，在這一年齡之前就基本發育完畢，前額葉皮層是大腦最後發育的部分，發育過程伴隨整個青春期。這就導致青春期的青少年有感情判斷失常、舉止暴躁等表現，如果順利度過這一階段，那麼就會一切恢復正常了。

四、愛與父母「作對」

許多父母都有這樣的體會，當孩子十三、十四歲時，總和父母對著幹，你讓他往東，他偏往西，能持續兩到三年。這種「作對」在有的孩子身上表現明顯，常把父母氣哭，把父親氣得渾身發抖，而在有的孩子身上表現較弱，但一般父母都能感覺到這種「作對」。精神分析理論學家把這段青少年時期稱為「叛逆期」。

不對青春期抱有成見

　　由於青春期的孩子在這一特殊時期有著特殊的性格特點，對於他們，父母要保持一顆平常心。家長不能一看到孩子有獨立的意識便極力排斥，並試圖壓制，父母反應越強烈、越過分，孩子就越會堅持己見。能夠預想青少年將產生叛逆情緒的父母，或許事實上正在挑起這種情緒，千萬不要把這種預想變成了現實。

　　心理學家指出，不要一看到青少年有獨立意識的跡象就去壓制，擔心現在哪怕作出一點讓步就意味著會出現越軌的行為。父母的反應越激烈，青少年就越堅持己見。倘若父母使用更強硬的手段加以壓制的話，那麼一場大規模的衝突將是不可避免的了。

　　二十一世紀是一個要求更高、競爭更激烈的世紀。它帶給父母及孩子的不僅僅是機遇，更多的還是挑戰。無論你清楚與否，在培養孩子的過程中，在方法或態度上，即使你有稍微一點點對你來說是輕而易舉的改變，都可能決定孩子終生的成功與幸福。

　　可是，在現實生活中，有許多父母總喜歡在人前說教自己的孩子，以為是為孩子好；或者不回避孩子在場就談論他們的缺點，以為孩子年齡小，對大人說的話聽不懂。殊不知這些言語中隱藏了多少對孩子的傷害，無意中，父母就將孩子的自尊心、自信心、上進心等傷害了，對孩子的心理、學習造成負面影響，而自己卻一點也沒有察覺到。

　　下面的這種情況就很常見，兩個父親正在談論孩子，一個羨慕地說：「你兒子才上國中一年級成績就這麼的優秀，真不簡單。」另一個謙虛地說：「不行啊，差遠了，語文才考九十八分，數學也才九十七分，別人都拿雙百呢。」亞洲父母受傳統觀念的影響非常深，總愛表示一下自己的謙虛，要不然怕別人說成驕傲自滿，以為很了不起。所以當自己的孩子被別人誇獎的

第十章　如何與青春期孩子的溝通

時候，儘管內心十分高興，但表面上也要虛偽的表示一下謙虛的美德。

然而孩子卻是單純的，對於成人世界裡的「謙虛」他們並不清楚，很容易把這種「謙虛」，理解成父母對自己成績的不滿意，認為父母對自己有很高的期望值，這樣做的結果往往給孩子造成一些不必要的學習壓力，覺得不管自己有多麼的勤奮父母都不滿意，那麼在以後的學習中，或許就會因達不到父母的高標準而喪失學習信心和興趣。

除了這些，有些父母固守「謙虛使人進步，驕傲使人落後」的古訓，以為表揚了孩子，他就會驕傲自滿，不再像以前那樣努力了。殊不知，對於那些年齡不大的孩子來說，有了小小的成績，讚美和肯定是他們最渴求得到的，有了讚美才有更濃的興趣以及更高的學習積極性。

對於大人的言語和評價，孩子是特別敏感和在意的，孩子的心靈是很脆弱的，經不起一次次的斥責和失意。對於孩子的這些心理，有很多家長都不知道。因此，孩子在場，不要談孩子的缺點；不要比孩子的弱勢，更不要對孩子有成見，否則，一個失去了自尊心、自信心的孩子將預示他將來在很多方面都不能夠成為一個成功者。

柏拉圖說過：「對一個孩子最殘酷的待遇，莫過於讓他『心想事成』。」

一些父母在大多數情況下都對自己的孩子不放心，低估了孩子的承受能力，他們覺得孩子太軟弱，根本沒有辦法對付生活中的現實問題。這種態度慢慢地會使孩子形成對自己的錯誤認識，認為自已沒有能力對付一切。這對孩子以後的人生是有百害而無一利的，身為家長應當慎之又慎。

也有一些父母總認為自己對孩子的看法十分正確，對孩子的所作所為都是瞭若指掌。家裡的什麼東西壞了，一定是小傢伙幹的；隔壁的阿姨來敲門，肯定是孩子在外面做錯事了……這種家長認為的「真知灼見」，實際上是親子溝通的最大「殺手」。

一位父親在兒子三歲的時候，就逼他彈琴，而且對於自己的教子經驗

非常得意：「我規定他每天必須幹什麼，不准幹什麼，不依，我就狠揍！」。「棍棒下面出孝子」的教育方法一直影響著現在的父母。突然有一次，父親偶然看見了兒子畫的一幅畫：一隻乖巧的小羊在彈琴，一隻大灰狼張牙舞爪的站在琴邊，說：「你得一直彈我愛聽的曲子，否則，我就把你吃掉。」父親這時才猛然醒悟過來，兒子是在抗議啊！如果父與子之間的關係變成狼與羊那樣的關係，那麼羊還能說自己最尊敬的是狼嗎？

由於父母已經先入為主，對孩子存有成見，以致用粗暴和專制的方式對待孩子，這在孩子身上留下的陰影將永遠無法磨滅，如果這種情況得不到及時改善，孩子真的有可能向著你所期望的反方向發展。所以，身為父母，要想使孩子得到更好地發展，就不要對孩子抱有成見和盲目責怪孩子。

當然，其實教育孩子並沒有什麼必然的模式，最主要的是多理解孩子，遇到事情多進行換位思考，不要用有色眼鏡看待孩子，孩子都是好孩子。父母應使孩子快樂的成長，愉快地度過每一天。不要對孩子抱有成見，摘掉您的有色眼鏡。

父母言行要得當

良好的溝通，是孩子健康成長的必要條件。要做到良好的溝通，就不能讓孩子對父母反感，保持密切親子關係。

日本發行量最大的報紙《讀賣新聞》上，專家為怎樣相處才能密切親子關係開出新方，他們認為父母應該從以下幾個方面做起：

多從孩子角度考慮問題，盡可能地讓孩子明白父母始終是關心和接納他們的。

除了學業成績外，每個孩子還可以在許多方面發揮潛能和拓寬發展的領域。

　　由於一個問題有多種解決方案，因此，不要執拗於一種答案而與孩子發生衝突。

　　父母要不斷地提高自己的情商、智商，自我開發各種潛能。放下面子，去傾聽各方面的教育經驗。

　　多採用遊戲、音樂、活動的方式培養親子關係。

　　要密切親子關係，在父母與孩子之間要相互信任。為此，父母要培養孩子的自信心；要正確對待孩子的缺點，幫助孩子改正錯誤；為孩子提供施展才能的機會；切忌傷害孩子的自尊心、自信心等等。

　　父母要設法讓孩子覺得那樣做是很自然的。其訣竅就是讓家裡時時刻刻都有一種「聆聽的氣氛」。這樣，孩子一旦遇上重要事情，就會來找父母商談。要達到這個目的，其中一個好方法就是經常抽空陪伴孩子。如利用共聚晚餐的機會，留心和孩子溝通，讓孩子覺得自己受重視。

　　父母用「平行交談」的方式跟青春期的孩子談話，往往能引起熱烈回應。美國《用心去教養孩子》一書作者羅恩·塔費爾（Ron Taffel）提出的「平行交談」，其意思是父母與孩子一面一起做些普通活動，一面交談，重點放在活動上，而不是談話的內容，雙方也不必互相看著對方。這種非面對面的談話方式會讓父母和孩子都感到輕鬆自在。父母與孩子的談話內容，最好是多談一些如何學會求知識，學會做事，學會共處，學會做人等。在交談中，還要注意從事情到關係、從事情到感情、從一般到特殊等原則，從而使孩子與父母之間什麼話都交談。

　　有些專家建議，父母把不想直接向孩子說出或不中聽的話寫下來。家庭關係顧問邁克爾·波普金說：「一般人都認為白紙黑字更加可信，而且可以一看再看。」、「把話定下來，話的分量也會增加。」

　　父母提問過多，很難使孩子講心裡話。麥可·列拉說：「青少年通常不會把很多有關自己的事告訴父母，如果你的孩子也是這樣，你應該把孩子

告訴你的任何事情都視為禮物，加以珍視。」

在同一個時候，孩子可能對父母又愛又恨。對父母、老師和所有對孩子有權威的人，孩子的感情往往是雙重的。但父母對孩子的感情的二重性通常是很難接受的。其實，在人類的現實生活中，處處都存在著辯證觀念。哪裡有愛就必有恨；哪裡有羨慕就有嫉妒；哪裡有熱誠也會有敵視；哪裡有成功就有擔憂。所有這些感情都是合理的：正面的、反面的、矛盾的。因此，父母應該學會接受孩子身上存在的雙重感情。父母對孩子所表露的雙重感情就用不著擔憂或內疚。人類都有感情，感情是孩子天性的一部分。美國心理學家金諾特說：「感情教育能幫助孩了了解他們的感情是什麼。對一個孩子來說，了解他自己的感情比了解他為什麼有這種感情更為重要。當他清楚地知道自己的感情時，他內心就不會再感到一切都混亂了。」

父母可以給孩了提供一面感情的鏡子，以幫助孩子了解他的感情。一個孩子要知道他內在的感情就要聽父母對他感情的反映。透過感情的鏡子，能夠給孩子提供一種自發的修整和改變的機會。

青少年不穩定的情緒，所以教育的方法的也要隨具體的情況而變化。父母要辨證地看待這個教育過程，不時要界定與孩子間的關係，坦率而富有成效地溝通，才能有良好的教育效果。

理性對待「偶像」崇拜

十五歲的美紗品學兼優，喜歡濱崎步，也著迷於 super junior。在她的家裡，她和媽媽無話不談，甚至把同學的情書讀給媽媽聽。她的日記就放在桌上，爸爸媽媽隨時可以看，美紗說：「要不我就白寫了！」

母親妃英理女士說：「和女兒在心理世界對話真好。」在她看來，女兒

喜歡 super junior 很自然。她說：「孩子喜歡一個人、一件事肯定有她喜歡的道理，父母要試著從孩子的角度想這個道理，鼓勵她把自己的想法說出來，引導她往好的方面發展。」

近年來，青少年的偶像崇拜問題，是一個普遍的社會熱門話題。青少年過度偶像崇拜，造成寶貴的歲月虛擲在幻境中，對成長是種阻礙，缺乏正面的意義。另外有些人士指出偶像崇拜是青少年成長過程中不可避免的事，成人世界應以平常心待之，給予正面的引導，協助青少年從積極面去思考，快樂地成長。

偶像崇拜是因應挫折的方式偶像崇拜是青少年社會化的一個重要歷程。將他人或團體當作崇拜的對象，期望自己也能羽化成為對方，或將對方視為學習的目標，以享有對方的尊榮，藉以獲得心理上的滿足與慰藉，同時減少挫折帶來的痛苦。因而，偶像崇拜是青少年習得社會生活所需的態度和行為的一個重要歷程。

偶像崇拜源於同儕互動多元而複雜的現代社會裡，資訊傳播便捷，外來文化衝擊大，青少年得以去模仿與學習所崇拜的對象，藉以滿足心理方面各項需求。青少年和朋友在一起，較容易獲得接納、讚美與認同，情感可以自由宣洩而不必有所顧忌。因此，對有特殊表現的青少年，經傳播媒體的報導後，容易就成為其它青少年競相崇拜或模仿的對象。

偶像崇拜功過參半，偶像崇拜對青少年的成長有正向積極的功能；有負面消極的影響。處於人生蛻變期的青少年，身心急速發展的結果造成適應上的困難和情緒上的失衡，此時若能有良好的楷模作為認同或效仿的對象，有助於成長與發展。如果過度或盲目崇拜偶像的結果，除了使青少年過於理想化，逃避現實或一味追逐潮流而失去自我的成長，使青少年產生嚴重的認知失調，使得理想與實際無法相互結合一起，造成眼高手低、好高騖遠，過度幻想的現象。

　　健全的自我概念為人父母應走入孩子的內心世界，了解孩子的興趣和需求。協助孩子認識自己，培養健全的自我概念，增進自我選擇與自律的能力，才不至於因喪失自信心而盲目崇拜，失去自我意識。

　　早稻田大學心理學教授內田康夫認為，偶像崇拜是處於青春期孩子普遍存在的現象，只不過不同的孩子崇拜程度不同，不同時代崇拜對象不同。這個時期的孩子屬第二斷乳期，追求表面、追求至善至美，透過尋找偶像寄託自己的成人理想。

　　對於偶像崇拜的問題，父母不要一味批評孩子，不要激化矛盾，應學會告訴孩子，明星的成長歷程也有努力、有辛酸，要看到他們鮮花掌聲後面踏實的努力，不要讓孩子存有不勞而獲的想法。引導孩子根據自己的實際確定合適的偶像目標，不要想入非非。平時有意引導孩子多向思維。

　　正面性的英雄，崇拜父母應協助孩子尋求適宜的偶像，例如有傑出表現的例證或義行，隨機為孩子解說或提供作為研究討論的題材，讓孩子從英雄崇拜中產生正面的效益。

　　消除負面效應，發展積極自我孩子容易因過於理想化的崇拜偶像，忘記自己的存在，一味的逃避現實。父母應盡速輔導孩子體認自身的責任，以健康的心態尋求合適的認同對象，才有助於成長與發展。

　　對於青少年偶像崇拜現象，教育專家、心理學家、學者普遍認為這是一種自然、普遍、正常的成長現象。人生是一個不斷模仿、學習與創新的歷程。孩子在成長的過程中，心智尚未成熟、可塑性強，容易受到外在因素的影響而改變。面對複雜多變且競爭激烈的現代社會，需要家長的引導與朋友的激勵才能健康成長。偶像崇拜的正面引導，有助於良好行為的塑造，了解它、接受它並應用它，才是積極之道。

緩解孩子心理的壓力

壓力無處不在，青春期的孩子身上表現的特別明顯。適度的壓力可以激勵人奮進向上，而壓力過大會影響孩子的進取之心，會使孩子失去信心，甚至可能出現心理問題。作為父母，有責任幫助孩子疏導壓力，因為對孩子來說，父母應該是最重要、最信任的人。

那麼，父母應如何幫助孩子舒緩心理壓力呢？

首先，父母應學會了解孩子，傾聽孩子的一些想法，知道他們的心理壓力是什麼，來自哪裡。父母可以抽出時間來和孩子面對面地交談，要專心認真地聽孩子說話，父母肯把心交給孩子，孩子才有可能把心交給父母。這樣，父母才能了解孩子的真實情況，也才能根據孩子的壓力大小給予實際的幫助。對於青春叛逆期的孩子來講，他們的心理壓力有時來自內心的恐懼，比如孩子會因為自己和有些同學做得不一樣而被孤立，有的男孩子不願跟著別人一起翹課、不願在考試時跟同學一起作弊、不願偷著學抽菸等。他們會因此而受到嘲笑，甚至被孤立，也會由此感到恐懼、不知所措。這時，父母應當教育孩子堅持原則，不對的事就一定不能做：要讓孩子知道，能夠做到不隨波逐流是很不容易的，這正是一個人成熟勇敢的表現，也是有主見、有頭腦的表現。

其次，幫助孩子舒緩壓力還應從自我做起，父母應讓孩子分享自己的經驗。告訴孩子壓力每個人都會有，父母也常會有煩惱的時候。這樣可以避免說教之嫌，孩子對父母的話也比較容易聽進去。同時，父母也應該告訴孩子自己是怎樣應對困難、克服壓力的，給孩子樹立一個實際的榜樣，以增強孩子的勇氣和信心。培養孩子的自尊，可以加強孩子抗拒各種不良誘惑的定力，也有助於他們勇敢的面對逆境與挫折。在遇到一些具體事情時，多讓孩子發表自己的意見；把一些適合孩子做的事交給他們，鼓勵他

們自己動手去做；尊重孩子的想法，在對一些是非問題的討論中多讓孩子發表意見，等等，這些都是培養孩子自信的好辦法。孩子有自信就會有勇氣、有膽量，就會有較強的明辨是非的能力。

最後，父母應學會關心孩子的成長，鼓勵孩子培養廣泛的興趣愛好，平時多參加一些學校組織的課外活動或社會實踐活動，對疏導緩解孩子的心理壓力大有好處。有些父母望子成龍心切，總是強迫孩子在課後去學這個、學那個，結果往往事與願違。正確的做法應該是尊重孩子自己的意願，根據他的興趣及所長理性的進行選擇和培養。在大多數情況下，只要父母能夠及早發現孩子的問題並加以適當地引導，便會有效地緩解或消除孩子的心理壓力，使他們愉快健康地成長。

一般來講，進入青春期的孩子很容易有心理壓力，特別是女生。她們會發現自己有很多地方做得不夠好，而想改的時候又感覺改不了，於是心理壓力就越來越重了。這個時候父母應有耐心和細心，多花時間和孩子聊天，但是要避免說教，將孩子當成朋友一樣，讓孩子敞開心扉，孩子的心理壓力自然會減少。在生活中，多鼓勵孩子，對孩子要有耐心，不要一犯錯就責備他，多觀察孩子，防患於未然，有事和孩子商量，讓孩子參與進來，對孩子的發展很有好處。

對於孩子比較容易犯的錯誤，一定要把問題擺出來，並問孩子，如果爸爸媽媽這麼去做可以嗎？我們應該怎麼做才好呀？以這種方式糾正孩子的錯誤，並讓孩子自己說出正確的方法，可以加深孩子的印象，也會使家長和孩子更親近。

叛逆的孩子不可怕

青春期的孩子讓許多父母很苦惱，孩子長大了脾氣也大了，不再像以

前那樣聽話，與父母的關係變得不那麼和諧，甚至十分緊張，父母為孩子做出種種安排，孩子卻偏不高興去做，喜歡頂嘴，這種叛逆心理的產生，有來自孩子生理和心理的內在因素，也有因為父母教育不當，不理解孩子造成的。

父母只有正確對待孩子的叛逆心理，進而才能解決它。

有關心理學家認為，對於青少年的行為並不存在固定的模式，也沒有所謂的「逆子」。處於青春期的孩子比較敏感，往往很小的刺激都會引起他們強烈的情緒反應。

不僅如此，有很多時候，他們往往感情用事，思想單純，因而就容易與社會道德、行為規範、成人的要求形成一種對抗，這種對抗在行為和自我意識方面表現為他們對評價和承認的要求特別強烈，對壓抑自己行為和傷害自己自尊心的事沒有一點承受的能力。

當自主行為被阻礙時就容易發怒，當被不安的情緒籠罩時就容易產生害怕的心理。

在家裡，孩子出現的一些叛逆心理，往往是因為家長的教育方法不適當造成的。心理學家認為：只要父母指導得法，孩子的反抗情緒會漸漸地減弱以至於消失。對於青春期的孩子，要注意的是：

一、放平心態，不抱成見

預想孩子會產生反向心理或情緒的父母實際上是在挑起這種情緒。父母不要一看到孩子們有獨立意識的跡象便極力壓制，擔心稍有讓步，就會導致孩子走上歧途。父母反應越激烈，越過分，孩子們就越會堅持己見。

父母可分為三種類型：放縱型、專制型和權威型。

一個孩子要參加週末聚會，放縱型的父母會說：「好吧，但不要呆得太晚。」放縱型父母要麼對孩子漠不關心，要麼給他們充分的自由取悅他們。

而一位專制型父母的反應則是：「不行。你還太小，不能參加這種活動。」他們把孩子看得死死的，不論大事小事，全由他們說了算。

權威型的父母考慮孩子的意見後，決定：「你知道我們週末的作息安排。我們是十點熄燈，你如果十點前回家，就可以去。」

孩子們喜歡權威型父母。這些父母給孩子們負責任的自由，同時又不超出紀律約束的範圍。他們對孩子的影響比其他兩類父母都大，因為他們不對孩子的每個行動指指點點。

二、把握重要問題

不要對孩子的每個細枝末節都指手畫腳，這只能使孩子們反感。你的兒子留了披肩髮或是你的女兒用了一種新的化妝品，你最好還是把這當做一種無害的時髦而予以接受。

三、不要盲目責怪孩子

有時，看起來「逆反行動」是針對父母的，但實際上也許根本不是那麼回事。有一家人一向在星期六去爺爺奶奶家看望老人。一天，兒子卻說他不參加次日的「集體活動」了。他的父母本來可以大發其火，把此舉解釋為青少年對家庭的抵制。但是，他們並沒有這麼做，而是心平氣和地問明原因。原來，孩子前一天為了準備期末考試熬夜讀書，實在是太疲倦了，需要補眠。於是家人便把去爺爺奶奶家的時間改成了星期天。

四、建立統一戰線

孩子有時會更喜歡父母中的一位。一位父親也許會為女兒的親密行為而「硬」不起心腸，並允許她享有父母所反對的「特權」。同樣，當父親要為某件事而斥責兒子時，母親也許會為兒子辯護。對孩子的不同態度會導致父母之間的衝突。因此，在處理孩子的某個問題時，你應與伴侶多商

量，決定你們在哪些方面互相讓步。然後，一起向孩子透露你們的決定。

教育青春期孩子的方法

　　許多父母對教育青春期的孩子方法不當，常會感到疑惑。下面為大家介紹一下美國家長教育孩子的五種方法。

一、及時教育

　　十二歲的女孩安妮，好交朋友，她有個愛好，喜歡獨占電話，常常和朋友們打電話聊上好幾個小時。其母親艾瑞卡並沒有簡單命令安妮少打電話：「我和她談起她在幼稚園時我就灌輸給她的有關他人權利的觀念。」艾瑞卡十分感慨地說：「從此以後，她盡量縮短打電話的時間，並在打電話之前總是先詢問我要不要使用電話。」

二、靈活合作

　　父母不必在每一個問題上觀點一致，但是你們應該保持一種「靈活合作」的模式。商定在哪些情況下你們可以讓步，哪些情況下需要站穩立場。然後一起付諸行動。

三、不要輕易爭吵

　　當您的兒子要把頭髮留長或是您的女兒要用大紅色的口紅時，就把這種裝扮當作無害的時髦。

四、用幽默緩和緊張

　　在孩子們十幾歲時，母親多羅西里奇一直把一個「阿斯匹林」藥罐放在餐桌旁，一旦家裡出現了激烈的爭吵，例如：女兒不顧第二天的考試而想赴約會，多羅西里奇便會煞有介事地把這個大藥罐擺放在餐桌中間，以「減

輕」每個人剛被引發的「頭痛」，這樣常常會使全家人哄然一笑，緊張的氣
氛頓時得到緩和。

第十章　如何與青春期孩子的溝通

打是親罵是愛，不打不罵是禍害？

孩子不是你的財產與沙包，你不是在教育，是在發洩情緒

編　　著：胡郊仁，趙建

發 行 人：黃振庭

出 版 者：崧燁文化事業有限公司

發 行 者：崧燁文化事業有限公司

E-mail：sonbookservice@gmail.com

粉 絲 頁：https://www.facebook.com/
　　　　　sonbookss/

網　　址：https://sonbook.net/

地　　址：台北市中正區重慶南路一段六十一號八
　　　　　樓 815 室

Rm. 815, 8F., No.61, Sec. 1, Chongqing S. Rd.,
Zhongzheng Dist., Taipei City 100, Taiwan (R.O.C)

電　　話：(02)2370-3310

傳　　真：(02) 2388-1990

印　　刷：京峯彩色印刷有限公司（京峰數位）

國家圖書館出版品預行編目資料

打是親罵是愛, 不打不罵是禍害？:
孩子不是你的財產與沙包, 你不是
在教育, 是在發洩情緒 / 胡郊仁,
趙建編著. -- 第一版 . -- 臺北市:
崧燁文化事業有限公司, 2021.09
　　面；　公分
POD 版
ISBN 978-986-516-806-3(平裝)
1. 親職教育 2. 親子溝通
528.2　　110013648

定　　價：320 元

發行日期：2021 年 09 月第一版

◎本書以 POD 印製

電子書購買

臉書